伟人的青年时代
恩格斯

张新 主编
刘娜娜 王静 张秋婷 著

中国青年出版社

弗里德里希·恩格斯
Friedrich Engels
1820年11月28日~1895年8月5日

他出身于大资产阶级家庭，却终其一生为无产阶级革命事业奋斗；他从小浸润于浓厚的宗教氛围，却在青年时代发出与宗教信仰的决裂宣言；他只有中学肄业的文凭，却向当时的哲学泰斗发起最有力的挑战；他走向英国深处，以笔锋控诉无产阶级的悲惨遭遇；他与贫穷的纺织女工谱写了一曲惊世骇俗的恋歌；经过炮兵军事训练的他经历了血与火的革命洗礼；出走商圈的他全力支援马克思和无产阶级革命事业，成就了一段最伟大的友谊。

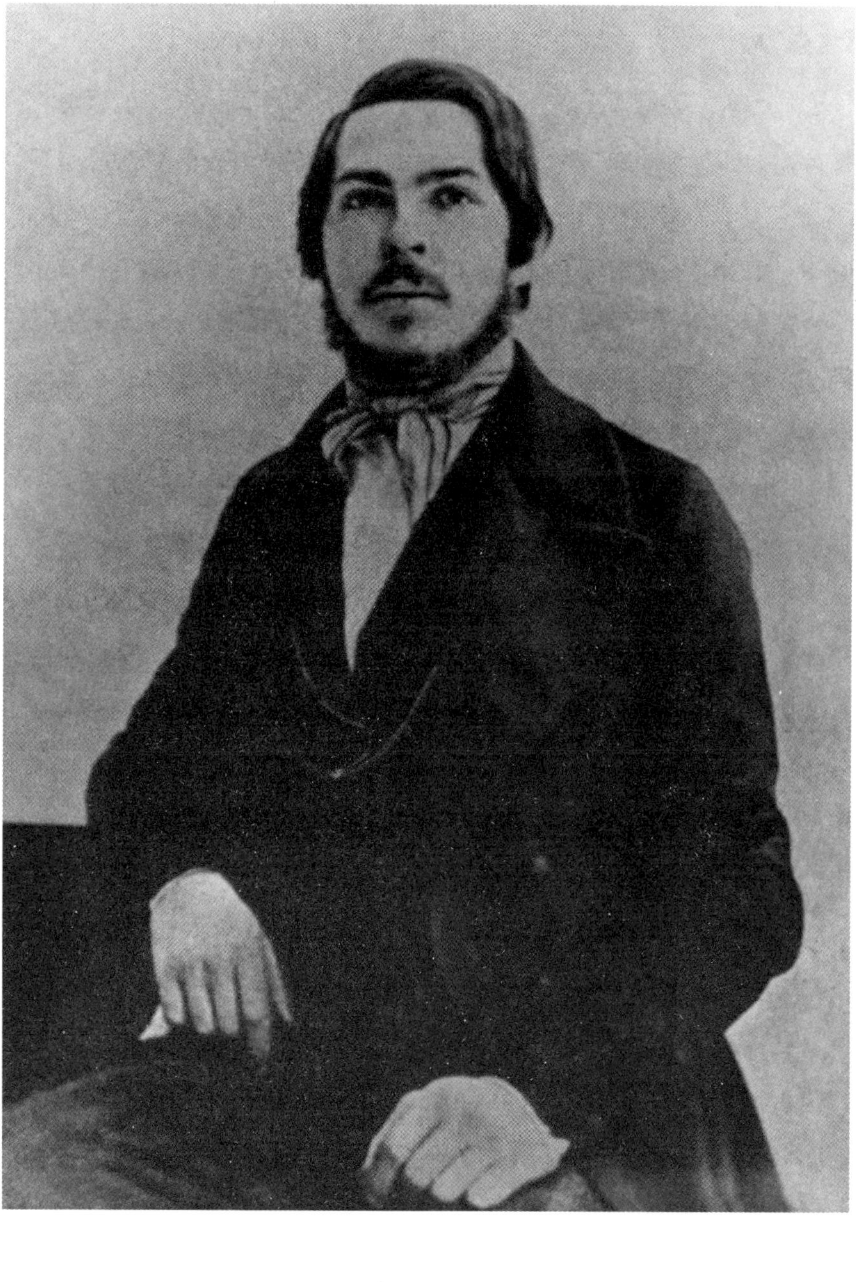

目录

第一章　家庭与童年时代　001
显赫的恩格斯家族　003
伟大的母亲　005
了不起的外祖父　006

第二章　从中学生到学徒　009
在巴门市立学校这所"精神监
　狱"里　011
一个好学上进的中学生　012
一言道不尽的学徒生活　014
文采和语言天赋齐飞　017

第三章　坚定的革命民主主义者　025
初识"青年德意志"运动　027
那封来自伍珀塔尔的信　030
与宗教信仰的决裂宣言　033

第四章　炮兵士兵炮轰哲学泰斗　037
入伍前的苦闷与疗伤之旅　039
炮兵下士报到　040

中学旁听生和"博士俱乐部"　041
三发射向谢林的重磅炮弹　044

**第五章　向唯物主义和共产主
　　　　　义的转变**　049
在曼彻斯特按下思想的快进键　051
读无字之书：走向英国生活的
　深处　054
读有字之书：想得多也要读得多　060

第六章　崭新的起点　063
勤奋是才华的磨刀石：丰硕的
　理论成果　065
一开始就结束的《德法年鉴》　066
一战成名的"天才大纲"　068
详尽的英国状况：思想的新
　起航　070

第七章　与爱尔兰女工的爱情　075
富家公子与贫民窟女工的相遇　077

她为什么吸引了恩格斯？　079
恩格斯教会我们的爱情　085

第八章　与马克思一道创立唯物史观　087
误会重重的初次见面　089
相见恨晚的第二次会面　090
伟大友谊的首秀：《神圣家族》　092
在家乡的战斗　095
加油，无产阶级！　098
两条路的汇合：唯物史观的诞生　101

第九章　马克思主义的创始人　107
建党，是必须要做的　109
吵架，要动真格的　114
宣言书一出，谁与争锋　117

第十章　经受1848年大革命的洗礼　127
重回布鲁塞尔　129
再回巴黎　131
同回德国　132
被迫逃亡，检验友谊的时刻　136
在革命的炮火中，前进，前进！　139

第十一章　曼彻斯特的双重生活　143
主动去当"埃及的幽囚"　145
曼彻斯特的编外"总参谋部"　147
双重生活的点点滴滴　151

第十二章　与马克思的伟大友谊　155
一千多封信件的情谊　157
一个负责经济理论，一个负责经济实践　159
当时不为人所知的代笔故事　162

第一章　家庭与童年时代

从德国柏林出发，乘坐火车，向西南方向行驶大概4个小时，便到了德国北威州的一座名城伍珀塔尔市。大家可能对这个名字略微感到陌生，但你一定在历史课本里看到过它曾经的名字——普鲁士王国莱茵省巴门市。1820年11月28日，马克思主义的创始人之一、马克思的亲密战友弗里德里希·恩格斯便诞生于此。

显赫的恩格斯家族

伍珀河从巴门市流淌而过，潺潺的流水声中混杂着岸边纺织机发出的噪声，这里是德国纺织工业的发源地。从16世纪开始，恩格斯家族就生活在伍珀塔尔。恩格斯的祖父约翰·卡斯帕尔·恩格斯起初是农民，后来创办了一个纺织小作坊。经过曾祖父的辛勤经营，到他去世的时候，这家当初仅能漂白、纺纱和织花边的小作坊已经摇身一变，发展成了巴门市最大的企业之一。

恩格斯的祖父与父亲继承了家族勤奋与善于经商的基因，也继承了家族经营的事业。在两代人的精心经营下，企业规模不断扩大。恩格斯的祖父约翰·卡斯帕尔·恩格斯还因为成功的经营，成为当地有名的企业主，同时担任过市政府的顾问官。

到了恩格斯父辈，起初是三兄弟一起继承了家业，但是在经营过程中，三人意见相左，总是摩擦不断。这样下去，对家族的生意而言可不是什么好现象。于是，他们商量了一个解决办法，就是通过抓阄的方式来选出一个人，由这个人继续经营恩格斯家族的企业，另外两个人退出管理。最终，恩格斯的父亲老弗里德里希·恩格斯，幸运地抓到了恩格斯家族的企业。于是，这位精明能干的商人，便留在其祖父的工厂中主持业务。1837年通过走访英国曼彻斯特等工业中心，恩格斯家族的企业在他手里很快成为一个独立经营的纺织厂，后又与另一个企业主彼得·欧门一起到英国最大的工业中心曼彻斯特创办了欧门—恩格斯纺织公司，积累了相当的财富。

恩格斯少年时期居住的便是一幢独立的巴洛克式四层小洋楼，而这还并不是他家最体面的宅子。除此之外，恩格斯家族还先后拥有四套豪宅。现在，大家如果前往伍珀塔尔市，还能看见这栋恩格斯少年时生活过的洋楼，可以进去逛一逛，感受一下少年恩格斯优越的生活环境。那里已于1970年为纪念恩格斯诞辰150周年而改建成了恩格斯博物馆，并于2020年进行了全面的维护，于2020年11月28日恩格斯诞辰200周年之际以更好的面貌向游客开放。

参观了博物馆，还可以去恩格斯公园走一走。恩格斯公园名字的由来并非仅仅是为纪念恩格斯，还因为这里曾经是恩格斯家族的产业，公园临街之处是恩格斯家族的洋楼，公园里一座座的小房子曾经是恩格斯家族工人的住所，而整个公园本身，则是纺织工人们晾晒产品的场所。恩格斯家族的财富可见一斑。

老恩格斯在商业经营上富有开拓精神，经常远涉国外，对世界市场的行情了如指掌，在行业还在使用传统纺织机器时，就颇有魄力地引进了同行中尚未使用过的英国式新机器，使家族生意在资本主义残酷的竞争中成为胜利者。老恩格斯是一名成功的工厂主，但是他在思想上却是一个笃信宗教的保守分子，后来他还曾担任了巴门教会学校的校长和教会主持人。在家庭生活中，老恩格斯则是一个十分专断的家长，在家里有着封建君主一般绝对权威的地位，家里的人必须无条件服从于他的意志。笃信宗教的保守分子与专断的大家长身份互相作用的结果，就是他强迫自己的孩子都要信奉宗教，要求孩子们无条件信仰上帝。他还经常将孩子们召集起来，给孩子们灌输家族企业是在上帝的旨意下发展壮大的思想理念。同时要求孩子们必须恪守教义的规定来生活和学习，若稍有差错，一顿严厉训斥肯定是少不了的。性格十分暴躁的老恩格斯在孩子们的心目中活脱脱就是一个"暴君"。

所以，在老恩格斯的影响下，恩格斯家庭的戒律十分森严，宗教气氛极为浓厚，用恩格斯自己的话来说，这是一个彻头彻尾基督教的、普鲁士式的家庭。老恩格斯对长子恩格斯极为看重，寄予厚望，竭力想把他培养成家族事业的接班人。因此特别对他进行了严格的管教,采取宗教虔诚主义教育,灌输"要永远最盲目地、无条件地相信圣经,相信圣经教义、教会教义以至于每一个传教士的特殊教义之间的一致性"的思想。作为家里的长子,老恩格斯平时对恩格斯的教育远多于其他弟弟妹妹,可见恩格斯承担了老恩格斯绝大部分的"专制炮火"。

老恩格斯的培养目标非常明确,就是一心想将恩格斯培养成虔诚的教徒和成功的商人。其实,很难说老恩格斯的家庭教育是失败的,因为恩格斯的弟弟妹妹们,除了早夭的弟弟,其他三个弟弟都成为工厂主,四个妹妹则都嫁给了有钱人。但唯独被老恩格斯寄予厚望的长子,在这样的家庭环境之下,却成为巴门纺织厂主家格格不入的反叛者,为什么呢?

伟大的母亲

在这只伟大"丑小鸭"的人生启蒙阶段,有一位女性扮演了极为重要的角色,影响了恩格斯的一生,她就是恩格斯的母亲——伊丽莎白·弗兰契斯卡·毛里齐亚·范·哈尔。

恩格斯的母亲伊丽莎白来自一个语言学教师家庭,受到过十分良好的教育,善良高尚,乐观豁达。恩格斯出生时,他的母亲年仅23岁,这位年轻的母亲给予她的长子无私的母爱和关怀。与严苛的父亲不同,恩格斯的母亲在家庭教育中给予了恩格斯相对自由的空间与热情的鼓励。比如对于恩格斯的文学爱好,父亲表现得忧虑重重,在与伊丽莎白的通信中说道:"令我感到懊恼的是,今天我又在他的书桌里发现一本从图书馆租借的坏书——一本关于13世纪的骑士小说。值得注意的是他把这类书籍摆在书柜里而满不在乎。愿上帝保佑他的心灵吧!我常常为这个总的说来还很不错的孩子感到担心。"但是母亲对此则表现出了极大的支持,比如在20岁生日时送给儿子一套被虔诚主义视为"邪书"的《歌德全集》作为礼物。而恩格斯在不莱梅学习商业的那几年，在他给妹妹玛丽亚的信中也不忘要求妹妹"要经常不断地，大约每隔三两天就提醒一下妈妈，请她在圣诞节把歌德的作品寄给我"。

尽管伊丽莎白并不能理解恩格斯的政治观点，但是作为母亲，她深知恩格斯有着独立的思想，有奋勇捍卫自己的信念并愿意为之奉献的品格。她非常了解自己的儿子，并为之感到骄傲。在恩格斯写给他母亲的最后一封信中，也就是1871年巴黎公社失败后恩格斯面对母亲的责备所写的那封回信中，他耐心解释的同时也断然声明："我丝毫没有改变将近三十年来所持的观点，这你是知道的。如果必要，我不仅会保卫它，而且在其他方面也会履行自己的义务，对此你也不应该觉得突然。我要是不这样，你倒应该为我感到羞愧。"

母亲伊丽莎白还培养了恩格斯对知识的广泛兴趣和热爱生活的品格。后来马克思的小女儿爱琳娜·马克思在庆贺恩格斯70寿辰的一篇文章里写道："凡是听过恩格斯讲述他老家的人都清楚，他那乐天的性格是和他母亲一脉相承的。"

了不起的外祖父

说到一脉相承，那就不能不提起另一位对恩格斯童年成长有着重要影响的人——恩格斯的外祖父——格哈特·伯恩哈德·范·哈尔（1760—1837）。恩格斯母亲乐天的性格与良好的教养都承袭自其父亲。这位慈祥而又博学多才的老人十分喜爱这个聪明好学的外孙，给了他无微不至的关怀。夏天时，恩格斯经常在哈姆的外祖父家短住，外祖父母则经常在巴门度假。外祖父除了经常给外孙辅导作业、传授知识之外，还给他讲了许许多多古希腊神话和德国民间流传的英雄人物的故事。与现在很多小朋友喜欢故事书中的超级英雄一样,小恩格斯也将外祖父故事中只身杀死巨龙的齐格弗利特视为超级英雄。外祖父在恩格斯幼小的心灵播下好奇的种子,让他知道除了宗教和纺织工厂,外面还有不一样的世界。

恩格斯对外祖父有着十分深厚的感情。1833年新年来临之际,13岁的恩格斯献给外祖父一首充满真挚感情的贺年诗,深深地表达了对老人的热爱和祝愿。小恩格斯这样写道:

献给我的外祖父

1833年12月20日于巴门

亲爱的外祖父,你对我们总是那样和蔼可亲,

每当出现坎坷,你总是扶助我们向前行进!

你在这里的时候,曾给我讲过许多动人的故事,

你讲过克尔基昂和提修斯,讲过阿尔古斯——那位百眼哨兵;

你讲过米诺托、阿莉阿德尼,讲过投海身亡的爱琴;

你讲过金羊毛的传说,讲过亚尔古船英雄和约逊;

你讲过强悍的海格立斯,讲过丹纳士和卡德摩斯。

此外你还讲过多少故事,我已经无法数清;

我祝愿你,

外祖父,新年幸福,

祝愿你健康长寿、无忧无虑、愉悦欢欣,

祝愿你万事如意、吉祥幸运,

这一切祝愿,都出自孙儿对你挚爱的深情。

在收到这首饱含孺慕之情小诗的4年之后,外祖父格哈特在哈姆去世,恩格斯时年16岁。

恩格斯是长子,他还有四个弟弟和四个妹妹。虽然对于父亲而言,他

是一个令人头疼的长子，但是对于弟弟妹妹而言，他是一位温和有趣的大哥。这8个弟弟妹妹按照年龄大小，分别是海尔曼、玛丽亚、安娜、埃米尔、海德维希、鲁道夫、威廉和爱丽莎。可惜他最小的弟弟威廉于1832年10月21日在巴门出生，还没有过周岁生日便不幸夭折，未能长大成人。

在所有弟弟妹妹中，他尤其喜爱妹妹玛丽亚·恩格斯，无论他是身在不莱梅还是柏林，都不忘给妹妹玛丽亚写信，时常将自己的新鲜见闻分享给她，还鼓励她好好学习知识。恩格斯对其他弟弟妹妹，也满怀关心与喜爱，恩格斯在给妹妹玛丽亚写信的时候，还不忘将弟弟妹妹们挨个点评一番，十分有趣，他在信中写道："我很关心的是你在曼海姆成长的情况，像从前一样，照旧是一只又瘦又蠢的小鸡呢，还是有了新的狂妄念头？安娜有时也做起古怪的诗来，这时她就会大发傻劲，每隔三个词就要有一句：'呵，糟糕！'海尔曼身上颇有疑病患者的素质，他可以整天整天地对一切漠然无动于衷地坐着，噘着嘴，一言不发。如果他突然大怒起来，就完全不可遏制。埃米尔还是喜欢胡搅蛮缠。海德维希除了有点固执，没有什么脾气。鲁道夫与海尔曼属于同一类型：他半天在幻想，半天尽做蠢事。他最大的乐趣就是我给他一把轻剑，又从他手里把剑打下来。小爱丽莎将来会出人头地，可是眼下还什么也不是。她生性和蔼可亲，终将胜过你们大家。"虽然这些评论乍看起来颇有些毒舌，但也只有真正关心和了解的亲人间才会有这样犀利而精准的描述。

恩格斯有着慈爱睿智的外祖父、专制的父亲、善良达观的母亲和8位弟弟妹妹……这庞大的一家子，还有通过企业、姻亲等等方法建立起来的错综复杂的社会关系，共同构成了一个强大而典型的资本主义大家族。当他们作为既得利益者，占据着庞大的社会资源、享受着剥削劳动人民积累起来的大量财富时，恩格斯却对这一切都充满了质疑与反思。他的家族视恩格斯为"丑小鸭"，他们一生都理解不了这只"丑小鸭"其实是一只"天鹅"。此时，正在等待翱翔。

第二章　从中学生到学徒

———

求学生活对于恩格斯而言是一次不平静的人生旅程，一心渴盼知识洗礼的心灵却在巴门市立学校不断遭受打击，好在他到爱北斐特中学后见识了知识殿堂的模样。在中学的几年时间里，恩格斯的文学水平和写作能力都得到了极大的提高，他卓越的语言才能也开始展现。但遗憾的是，他的学业在中学收尾阶段就被迫中止了。

在巴门市立学校这所"精神监狱"里

恩格斯9岁时正式入学了,人生中第一个学校毫无意外是一所教会学校——巴门市立学校。这所学校的管理者没有什么真才实学,不懂得教育原理和教学规律,目光短浅,舍不得教学的经费投入,因而也聘不到有真才实学的教师。恩格斯入读的时候,学校的教师基本上都是虔诚主义者,和他在家里老爹所营造的环境如出一辙。长大后恩格斯回忆起这所小学,忍不住说:那只不过是宗教的"精神监狱"。

在这所学校里,学生上课学得最多的就是宗教教义,教师的教学重点、难点、创新点都是一个——让学生信仰上帝。虽然也开设了阅读、书写和计算等课程,但这些本应该当主课的内容却都沦为教学的点缀。实际上这和当时伍珀塔尔的精神文化环境是分不开的,虔诚主义是基督教新教的一个分支,产生于17世纪末,这一流派起初是新兴资产阶级的意识形态,起到过进步作用,但后来越来越跟不上时代的发展,反而日益蜕化成一种宗教上的神秘主义,转过来反对资产阶级的进步思想。有些极端的虔诚主义者甚至仇恨戏剧和音乐,指其为"蛊惑人心的魔鬼"。伍珀塔尔处处透露着虔诚主义,受影响最大的首先是学校。

要在巴门这个教会学校里学到科学知识显然是不可能了,恩格斯意识到这个残忍的真相时,瞬间感到窒息。和他一起的一个学生曾经出于好奇,向老师询问"歌德是谁?",结果老师的回答让恩格斯大跌眼镜:歌德是一个不信神的人。听到自己的文学偶像被人粗暴地界定为不信神,除此之外再也没有别的介绍,年幼的恩格斯对学校的教学水平是彻底失望了。

想一想那时候的恩格斯有多么郁闷。在家里面对虔诚主义氛围浓厚的父亲,看个骑士小说都被父亲怒目而视;陶醉于阅读歌德的小恩格斯本以为可以在学校里进一步学习文学,结果讲课的老师却对歌德的文学只字不提,在他们眼里只有信神和不信神的区别,不信神的人得不到那些虔诚派老师的片语垂青。

在小学校园生活一片灰霾中,仅有的一缕光来自教法文的菲利普·希弗林博士和年轻的文学教员科斯特尔。希弗林博士是学校里屈指可数的学术型教师,他精通现代法文文法,集中研究伏尔泰和现代法国作家,编写的《法文学习指南》在德国、匈牙利等国家很受欢迎。科斯特尔老师讲课流畅清晰,而且非常富有创新精神,他不顾虔诚派的反对,大胆地删除了宗教诗歌,自己撰写了诗歌教材融入文学课中。因他的不虔诚、不乖顺,很快就被学校的其他老师排挤走了。两位授课老师的高尚品德和渊博学识给迫切需要学习知识的恩格斯留下了深深的印象。

就这样,恩格斯度过了自己五年的小学时光。

一个好学上进的中学生

在巴门市立学校学习了一段时间之后,老恩格斯总觉得孩子学习成绩一般,还总爱看一些"不好"的课外书,存在心灵堕落的趋势。为此,忧心忡忡的老父亲特意写信给恩格斯的母亲:"弗里德里希上星期的成绩一般。你是知道的,他表面上变得彬彬有礼,尽管先前对他进行过严厉的训斥,看来他即使害怕惩罚也没学会无条件的服从……为了孩子的幸福,我们不应该计较钱,而弗里德里希又是这样一个性格奇特和好动的孩子,所以对他最有好处的是过一种与外界隔绝的生活,使养成某种独立性。再说一遍,愿上帝保佑这个孩子,不要让他的心灵堕落。现在他身上除去一些使我高兴的品质以外,正向一种令人不安的漫不经心和性格软弱方面发展。"

与现在为了孩子接受更好教育而"处心积虑"地买学区房、报辅导班的家长一样，望子成龙心切的老恩格斯于1836年10月为恩格斯转学去了普鲁士最好的学校之一——爱北斐特中学。不但如此，还把恩格斯送到爱北斐特中学校长汉契克博士家里寄宿。但与现在的父母总希望孩子可以接触更为多元的文化、享有更自由的学习氛围不同，老恩格斯为长子择校的原则却是能够坚定宗教信仰，避免太开放，最好是过一种与世隔绝的封闭生活，以免使恩格斯受所谓的不良书籍和思想的影响。因为在父亲眼中，恩格斯就是一个问题多多的叛逆少年——"没有学会无条件的服从""满不在乎""性格奇特""好动""漫不经心"且"性格软弱"。所以老父亲强硬地出手干预，千方百计想要挽救他的儿子。

虽然这所被公认为普鲁士最好的学校——爱北斐特中学归宗教改革协会所有，但是与巴门市立学校相比，它反倒没怎么受宗教改革协会的神秘主义的影响。据恩格斯自己的分析，这种情况是由于：一方面中学对传教士不感兴趣，另一方面是因为学校管理委员会的委员根本不了解这个中学的情况。老恩格斯万万没想到，他出于使长子与世隔绝，免受不良思想荼毒的转学计划，在这两个因素的双重作用之下，彻底宣告失败，爱北斐特中学事实上成为恩格斯的新乐园。

恩格斯在这里学习了拉丁文、希腊文、希伯来语等多种语言文字，接触到了古希腊的文学和哲学，特别是研习了伟大的法国启蒙思想家伏尔泰、莫里哀、孟德斯鸠、卢梭等人的著作，使他对哲学产生了浓厚的兴趣，而且受到了启蒙思想家所主张的民主主义的深刻影响。学校还开设了音乐和绘画课程，使恩格斯在他始终如一的文学爱好之外，还喜欢上了音乐和绘画，展现出了相当的绘画天赋。在从中学辍学后，恩格斯依然保持着绘画的爱好，曾在报刊上发表过自己的漫画作品。而对音乐的喜爱则一直伴随着恩格斯，当后来他不得不去当商业学徒而感到愤懑时，晚上骑马去欣赏音乐剧能带给他很大的精神安慰。除了课堂学习之外，恩格斯也喜欢体育运动，非常擅长骑马、击剑和游泳，而且水平相当高。现代的教育讲究德智体美劳的全面发展，恩格斯无疑是其中的佼佼者，良好的运动习惯伴随其终身，也为他带来了健康的体魄和充足的精力。

中学时的恩格斯就是"隔壁班那个长得帅、学习好、运动也很厉害的天才好学生"。按照常规剧情，接下来应该是天才少年顺利考取一流大学，成为当地父母教育自家孩子的典型案例。

但1837年9月15日，就在恩格斯还差一个学年就中学毕业时，父亲的一个决定打破了他上大学继续深造的希望：他中止学业。老恩格斯将他送到自家的商行当学徒，希望他能尽快参与家族生意，在商界大展宏图。恩格斯的校长——寄宿家庭的大家长汉契克博士，对老恩格斯的这个决定非常无奈和惋惜，眼睁睁看着自己最欣赏的学生不得不放弃学业。他在恩格斯中学肄业证书上给予了高度的肯定："该生由于家庭关系同本证书签署者过从甚密，就是在这种情况下，该生仍力求在宗教信仰、心地纯洁、品德高尚以及其他优良品质方面有突出表现。该生由于不得不选择商业工作为职业而中止他过去所计划的学习，于学年结束时（本年9月15日）转入商业工作。签署者与亲爱的学生告别，并致以最良好的祝福。"

一言道不尽的学徒生活

在父亲的坚持下，恩格斯先在他父亲的营业所里工作了一年。但是，营业所的工作并没有如父亲期待的那般禁锢住恩格斯"散漫"的性格，也没有让恩格斯爱上经商。恩格斯的生活中，似乎是将实习当成了每日不得不完成的"打卡任务"，而其他时间才是真正的生活。离开学校后，他一如既往地喜欢阅读，热爱文学，乐于思考。天气好的时候，他会在早晨7点到 8 点半坐在花园一边阅读一边享受明媚的阳光照在脊背上暖洋洋的感觉。中午下班吃过简单的午餐后，精力充沛的恩格斯还会继续研究他所感兴趣的问题。比如，在 1839 年的 4 月末他就曾写信告诉他的朋友："今天中午我将继续研究古德意志的《特里斯坦》以及其中关于爱的动人的思考。"

此时的恩格斯还没有承担很多的经营工作，因此能够有不少时间去继续学习。离开了校园，不得不妥协于现实，只能用写几节诗来自我排遣。在这一段时间，除了写诗、写信，他还继续创作着自己的《海盗的故事》。这是一部以 1820 年为背景的传奇小说，讲述了希腊水手向土耳其人复仇的故事，情节跌宕起伏，恩格斯通过这个故事来表达他对希腊人民抗击土耳其外来侵略的英勇斗争的同情，可惜这个故事最终并没有写完。

在自家营业所工作了一年后，老恩格斯只能再一次失望了，他发现恩格斯仍然对商业不感兴趣，工作时琢磨的不是如何挣大钱，反而乐于去参观工厂、作坊，去观察社会底层的工人如何生活。其实，老恩格斯作为父亲也很爱他的儿子，培养恩格斯也是不遗余力，总想为他创造更好的环境。他再一次强硬干预了儿子的人生，安排恩格斯去他在不莱梅的朋友亨利希·洛依波德的大商行继续做实习生。这是一家以出口贸易为主要业务的大商行，恩格斯从 1838 年 7 月到 1841 年 3 月，在这里度过了两年半的实习生涯。

不莱梅是一个著名的贸易城市，有着得天独厚的地理位置，位于通向北海的威悉河东岸，周边与汉诺威王国接壤。不莱梅市在 1827 年斥巨资从汉诺威购买了威悉河入海口的一小块儿土地，建立了港口。这样的地理历史环境，造就了这座城市商业的繁荣，相应的，在社会政治文化上表现得更为开放和包容。文学的蓬勃发展与民主自由主义思想的传播，将同样笼罩在不莱梅上空的宗教虔诚主义撕开了一个口子，从这道裂缝中透进来的自由思想的光芒也照亮了恩格斯。

不过，沐浴在思想自由光芒下的恩格斯，不能改变的第一身份依旧是一名不莱梅大商行的实习生，他是如何度过这两年半的商业学徒生涯的呢？今天的实习生，似乎大都是从复印资料、收发快递、整理报销材料等琐碎的基础性工作做起的。实习工作之余，也会见缝插针地与同学聊聊天、吐吐槽。如果是幸运地进入了心仪的企业实习，还会充满斗志地使劲工作，希望争取留下来正式工作的机会；而如果是不幸遵从父母意志被安排进了不喜欢的公司从事不感兴趣的工作，那怎么办呢？

毫无疑问，恩格斯就是这第二种"不幸"的实习生。他在不莱梅大商行的实习生活，也被琐碎的基础工作占据，他主要承担的工作就是抄写商务信函、去邮局收发信件和分送、支付账单等。实习工作量相当繁重，老板并没有因为他是朋友家的公子而格外优待。根据恩格斯自己统计，仅抄写信件这一项，从开始实习的不到两个月时间里，"就抄了40页，在一本大开本上抄了40页"。在他统计自己一共抄了多少信的时候，他的老板格拉韦还在不停地列出需要抄写的信，转眼之间在恩格斯桌上就将会有六封、七封、八封或更多的信等着他抄写，每封信一、二、三页不等，还有的长达四页。而除了枯燥无趣的抄信工作外，恩格斯还需要时不时地去邮局替老板取信寄信，但有时他也会偷偷"假公济私"，以帮老板去看看是否有来信的名义跑去邮局等自己朋友的回信。

与当下的所有年轻人一样，恩格斯在饱受不喜欢的工作折磨的时候，也喜欢与朋友聊天，只不过那时候交通不便，一天只能写一两封信。因为恩格斯在工作间隙见缝插针地给朋友和家人写信，十分不易，所以他居然专门用了差不多两页纸的篇幅与妹妹玛丽亚"斤斤计较"她的回信长度，嫌弃她字大行稀，敷衍了事，两大页纸都没什么内容，竟然也不把家里发生的新鲜事写给他看。

伟大的思想家年轻时也吐槽，但是水平确实高。普通实习生不得不旁听老板谈话时，吐槽无非是"真无聊""为什么我要听这些""我是谁？我在哪？我在干什么？"而恩格斯则在给妹妹的信里吐槽说："领事此刻正在和格拉韦先生讨论几封必须在下午写好的信。我正聚精会神地听他们谈话，就像一个骗子看着陪审员们出来，等他们宣读'有罪'或'无罪'。"如此辛辣、讽刺又犀利。

令人想不到的是，工厂主家的大少爷在当学徒的时候也同样有过"月光族"的困扰。他在向妹妹玛丽亚诉苦时的样子，与每个月担心"花呗"的当代青年毫无二致。1840年8月，此时的恩格斯口袋里几乎连叮当响声都听不到了，毕竟穷得叮当响也是需要两个以上硬币才能发出的声音。不但手头无钱，还"债台高筑"，既欠个人的钱，又欠着常去商铺的债。前些日子遇到了看着就非常好吃的黑李子，忍不住买给妹妹尝尝，当时说过两日就结账，结果到今天，卖黑李子的人也成了恩格斯众多的债权人之一，而且还不是拖欠最久的。最久的一笔赊账已经长达三个月了，幸亏是长期光顾的店铺，老板还愿意宽限些时日。不过恩格斯并不是有意拖欠，而是因为牧师外出不能按时给他生活费。他在给妹妹的信里得意扬扬地畅想了拿到生活费之后的美好生活："到时候我将在我的钱包里放6个金路易。如果我在咖啡馆吃3格罗特的馅饼，我就会向柜台上丢一枚两皮斯托尔金币。'找得开吗？'他们回答说：'哎呀！对不起，找不开。'我从这个口袋摸到那个口袋，寻出了3格罗特给他，然后因为有两皮斯托尔金币而神气活现地走出店门。"——从一封封书信中看到的恩格斯，仍然是那个令他父亲头大的顽皮小伙子。

文采和语言天赋齐飞

说了这么多恩格斯当学徒的生活，看起来他似乎与古今中外每一个被家长安排并控制人生的可怜年轻人差不多，但不同的是，恩格斯既没有被索然无味的工作磨灭热情，变成麻木的学徒，也没有放弃自己的理想追求放任自流耽于玩乐，而是用实际行动告诉世人在这样暂时的"困境"中如何做到坚定信念、提升自我。

恩格斯虽然十分不喜欢商业，但是他依然尽责地处理好分内工作，是一名合格的实习生。通过商业学徒生涯，他掌握了商业经营的规则，这为他此后长达26年的经商生涯积累了技能与经验，而正是这被恩格斯称之为"鬼商业"的事业资助了马克思，为创立并传播马克思主义创造了经济基础与物质条件。

不莱梅市在当时是国际化的贸易城市。恩格斯在当学徒期间因工作需要，在中学学习德文、法文、拉丁文、希腊文、希伯来语的基础上，又继续学习了欧洲其他语言。恩格斯一生掌握多达二十余种语言，而且学得很好，完全不会出现使用上的混淆。用两个小故事让大家感受下他令人羡慕的语言天赋。恩格斯写信有一个特点，就是他总是使用收信人的母语来进行书信交流，读信的人却从来没有发现信件里夹杂有其他语言的用词或是语法。有一次在兰兹格特海滨，一个杂耍的艺人装扮成了一个穿巴西将军服的满脸胡子的矮子，他的四周围着一群伦敦平民。恩格斯先用葡萄牙语与他聊天，杂耍艺人完全没反应，就立刻又换了西班牙语，还是听不懂。最后这位杂耍艺人无意中小声嘀咕了一句话。恩格斯听后，立刻兴奋地喊道："这个'巴西人'原来是爱尔兰人！"接着就用爱尔兰的家乡话和他聊了起来。异国闻乡音，这个流浪汉听到了久违的家乡话，高兴得流下了眼泪。青年时代的积累为恩格斯之后与马克思一起开展国际革命工作奠定了语言基础，也为更好地传播马克思主义发挥着积极的推动作用，他经常把马克思的著作和他本人的著作翻译成其他文字，还常常指导别人翻译马克思及其本人的著作。

此外，恩格斯在维持文学、艺术、体育爱好的同时培养了写作的能力。在以学徒身份实习期间，恩格斯也没有放弃自己的爱好，依然喜爱文学，热爱绘画和音乐，同时保持着良好的运动习惯。他在工作之余常与朋友们外出游玩，到歌剧院去欣赏歌剧和音乐，到港口和市场去写生，将观察到的普通百姓们的生活和他们的服装、发式用绘画表现出来，用画笔记录下真实的社会生活场景，还到威悉河去游泳，到击剑场去练习击剑。

除了这些相伴终身的兴趣爱好之外，更为重要的是恩格斯在这一时期开始尝试写作，从最初的文学创作到后来的政论文章。恩格斯的写作训练是从诗歌开始的。虽然当时的德国正处于资产阶级民主革命前夜最黑暗的时期，但自由主义和民主主义思想仍十分活跃。恩格斯非常喜欢不莱梅的一大原因，就是在这里可以轻易买到许多传播这些新潮思想的书籍与刊物。除了歌德之外，恩格斯还格外喜欢诗人海涅、作家白尔尼等人的作品，他十分佩服白尔尼，将其称为"为自由和权利而斗争的伟大战士"。受到这些通过文学作品来传播民主主义的作家、诗人们的鼓舞，恩格斯也一度立志成为一位杰出的诗人，奋斗目标就是写出广受欢迎的诗歌作品。这时的写作不再是信马由缰的自由发挥，而是以出版传播为目的进行的专业创作尝试。为了实现自己当时的小目标，他利用工作之余的时间辛勤伏案创作，为了构思一句诗文而一连苦思冥想几小时，茶饭不思，废寝忘食，也不觉得枯燥或辛苦，充满了青年人所特有的热情与冲劲儿。

恩格斯的努力很快就结出了一颗小果实。1838年9月16日，恩格斯在《不莱梅杂谈》发表了处女诗作《贝都因人》。这首诗写的是阿拉伯游牧民族贝都因人的悲欢命运，诗文以贝都因人一场表演开场，主持人遗憾地告知观众们，两位受欢迎的名角儿今日都不会登台了。多么令人遗憾，这些贝都因人曾经的生活是多么豪迈而奔放啊，自由自在地驰骋在阿拉伯沙漠之中。现在却只是"铃声一响，丝幕徐升"后"到这儿来为诸位解闷"

的卖艺人,他们跳舞不再是为了宣泄语言无法表达的欣喜,而是:

> 他们跳舞是为了挣钱,
>
> 不是为了自然的迫切要求,
>
> 无怪乎你们目光黯淡,默默无言,
>
> 只有一个人歌声哀哀。

恩格斯在诗作中,描写了贝都因人命运的变化,对他们投以深深的同情。恩格斯借着贝都因人对自由的渴望,也表达出了自己对自由的渴望。

这边处女作一经发表,就收到不少称赞。但是恩格斯自己却不怎么满意,甚至可以说非常失望,还对自己创作诗歌的才华产生了怀疑。这种自我的不满足与怀疑,是因为他的自我评价参照标准可是歌德这位诗坛巨匠,按照歌德《向青年诗人进一言》和《再向青年诗人进一言》对青年诗人的要求来进行衡量,就得出了刚才的结论——我写的诗毫无艺术价值。

歌德的《向青年诗人进一言》和《再向青年诗人进一言》两篇文章对恩格斯触动非常大,他决心按照歌德所提出的标准,在诗歌中要坚持并表现进步的生活,要提升诗歌的思想性,要通过各种形象表现有生命力的内容,表达能够使人读后继续对读者产生作用的东西,只有继续努力,才能写出真正有价值的优秀诗歌来。在这样的标准指引下,仅三个月之后,恩格斯就公开发表了《佛罗里达》一诗,这首诗热情歌颂了印第安人为保卫自己的家园,争取自由解放而斗争的精神,控诉着从海上来的白种人,"他们看上了我的这片土地;他们夺走了土地和岛屿,而我的人民却沦为奴隶。"他在诗中说:"我不想向我的弟兄们宣告和平,我的第一个词是打仗,我的最后一个词是战争!"这首诗与《贝都因人》相比,已经带有明显的政治色彩,具有较强的思想性和革命斗争的意识。

诗歌创作水平的提升大大鼓舞着恩格斯的创作热情,在这段时间,恩格斯还曾经用德文对西班牙著名诗人、政治活动家、法国启蒙学派的追随者——曼·何·金塔纳的一首抒情诗进行改写与二次创作，完成了诗歌《咏印刷术的发明》。这首诗其实是一篇命题作文，是恩格斯为了参加类似征文活动而完成的"参赛作品"。这次广泛的征文活动，是为美因茨杰出的发明家、欧洲印刷术的奠基人约翰·谷登堡第四届百年庆典而进行的。该庆典其实已经变成了当地特色的民间节日，但反封建的进步力量希望在这次庆典活动中突出新闻出版自由的主题思想。于是不伦瑞克的出版商亨·迈尔为此打算出版一本《谷登堡纪念册》，自1838年年底到1939年年初广泛刊登了《谷登堡纪念册》的征稿启事。创作热情高涨的恩格斯看见启事，便萌发了去投稿的想法。这次征稿活动得到很多人的积极响应，投稿者众多，截至1839年3月底已经有60多人将稿件寄往不伦瑞克。恩格斯的这首《咏印刷术的发明》经过筛选脱颖而出。可不要小看这次征稿活动，因为最终结集成册的《谷登堡纪念册》于1840年7月出版发行后，受到各界人士的认可。征文的发起者亨·迈尔也因此获得了谷登堡国王授予的科学与艺术奖章。纪念册的荣誉说明了选文的高标准，而恩格斯能入选则表明他的诗歌创作水平显著提升。

我们再来看看这首诗本身。这首诗既展现了恩格斯的语言天赋，还蕴含着恩格斯的政治选择，揭示了他有进一步研究自然科学愿望的倾向。

《咏印刷术的发明》原本是一首西班牙文的著名诗作，带有诗人金塔纳明显的政治革命倾向，为了通过严格的书报检查，几经改写才最终于1802年得以发表。翻译追求信达雅，而恩格斯在将西班牙文诗歌翻译成德文时，不但实现了译作的信达雅，还进一步再创作，表达出了自己的思想。

《咏印刷术的发明》里写道：

"虚荣和战争已永远消失，

正像瘟疫和风暴，虽然猖獗一时，

只要凛冽的寒流来自极地，

它们就会从受害者的住地逃离。
　　从此大家感到一律平等，
　　勇敢的斗士以不可阻挡的力量，
　　争得自由，激起欢呼的声浪。
　　从此再也没有奴隶和暴虐的君王；
　　人间洒满爱情与和平的雨露，
　　大地呼吸爱情与和平的芬芳，
　　"爱情与和平！"这声音在世界各地回荡。

恩格斯用细腻的笔触抒发豪情壮志，自由的呼唤如咏叹调一样在读者的耳边起起伏伏。

诗中还多处流露出恩格斯对自然科学的欣赏与兴趣：
　　这是给理性的头颅戴上的第一顶桂冠，
　　于是人们就勇敢地提倡理智，
　　就如饥似渴地探求真知，
　　要用理智去把握飞速运行的天地。
　　哥白尼飞向天空的星系，
　　……
　　伽利略感到地球在脚下转动，
　　意大利没有褒奖他的功劳，
　　反而狂暴地把他投入监牢；
　　然而地球没有停止运行，
　　它仍在宇宙海洋中破浪前进，
　　……

　　这时又飞来牛顿的敏捷精灵，

他追踪星群，把它们的奥秘弄清，

他指出星辰运行的动力，

又指出它们循环往复的轨迹。

你征服太空，你发现规律，

了解大气和海洋如何永恒地运动。

从学生到学徒，恩格斯无论身份如何变化，始终如饥似渴地学习，通过熟练掌握外语工具拓展了学习视野，从人类的智慧成果中汲取各种营养；依靠在这一时期掌握的商业规则为马克思主义的诞生和传播提供了经济理论上的支援；经过磨炼日益成熟的写作能力，为此后大量撰写发表文章、精准地表达观点，打下了坚实的文字功底。正如恩格斯在《咏印刷术的发明》中所写：

我也可以照此办理，进行发明创造！

让一条真理激起千千万万回声，

让山鸣谷应的巨响把真理宣告，

让真理鼓起清晰的双翼，飞向云霄！

第三章 坚定的革命民主主义者

虽然同样受到宗教虔诚主义的影响，但是不莱梅商业的繁荣必然带来了文化与思想的繁茂，这大大削弱了宗教对人们思想的垄断与控制。在不莱梅的书店里，甚至街边的小书摊，可以轻松买到在巴门市难得一见的具有自由主义和民主主义倾向的书籍。在这里，恩格斯如饥似渴地阅读着它们，同时也在恩格斯年轻的头脑中引发了风暴。不莱梅开放和进步的政治氛围使恩格斯在思想上迅速成长。

初识"青年德意志"运动

先来看看风暴的时代背景。首先登场的是熟面孔——"虔诚主义"。19世纪30～40年代的德国仍处于数十个邦国并立的分裂之中,各个邦国封建统治者们在经济制度上都设置了不同货币、海关和税收制度等重重壁垒,竭力为资本主义的发展设置障碍;在政治上则是竭力加强自己的统治地位,剥夺人民的政治权利,严密控制思想舆论。恩格斯所处时代的虔诚主义是1840年随着普鲁士国王弗里德里希·威廉四世一起登上王位的,这位顽固的君权至上论者,将虔诚主义的教旨变成了宣扬神秘主义、蒙昧主义和禁欲主义,并制定了严格的书报检查制度,力图扼杀革命民主主义思想的传播。恩格斯将弗里德里希·威廉四世的精神压迫评价为:"在这里,一切知识的来源都在政府控制之下,从贫民学校、主日学校以至报纸和大学,没有官方的事先许可,什么也不能说,不能教,不能印刷,不能发表。"

极端的压迫必然孕育着反抗。随着资本主义生产的发展,资产阶级在德国经济中的作用日益增强,反对封建专制的革命要求也日趋强烈。正是在这种历史背景下,恩格斯同"青年德意志"运动发生了联系。

"青年德意志"是19世纪30年代产生于德国的一个文学团体。这个文学团体与恩格斯一样,都非常欣赏并深深认同白尔尼和海涅的激进民主主义思想。"青年德意志"的文艺作品和政论,在当时颇具先进性,他们表达着小资产阶级对封建专制制度的反抗精神,要求破除虔诚主义,极力宣扬信仰自由和出版自由,还提出了民族平等、阶层平等、妇女解放等斗争目标。这些观点在饱受宗教思想控制的青年中迅速传播着,接受着,共鸣着,也正是这种思想上的共鸣,指引恩格斯来到了"青年德意志"之中。

"青年德意志"的主要作家有谷兹科夫、文巴尔克、劳贝、蒙特等。

1835年12月10日德意志联邦议会专门通过决议，禁止上述作家的作品在德国出版。不过，一纸法令是无法阻断精神之火的蔓延的。前面提及的《谷登堡纪念册》"征文大赛"和第四届百年庆典的组织者、推动者之一便是谷兹科夫。这也就不难理解为什么第四届百年庆典的主题会是新闻出版自由了。正是不莱梅使"青年德意志"的身影直接出现在恩格斯的生活之中。

恩格斯深深地被"青年德意志"作家所传递的思想和文风所吸引着，并在阅读过程中逐一做了点评，他说："海涅的作品光彩照人；文巴尔克热情明快，谷兹科夫贴切精练，不时闪现出一缕温暖宜人的阳光；奎纳则写得晓畅通达，有点明亮度过多而暗影过少。如果把让·保尔的华丽与白尔尼的精确结合起来，那就构成了现代文学风格的基本特征。"当然，比起文学技巧，最对恩格斯胃口的还是他们的民主主义思想。

热情的恩格斯不但自认为是一名诚心诚意的"青年德意志"，还积极向好友推广"青年德意志"的观点，并幽默地"警告"他的好友弗·格雷培，即使不愿加入"青年德意志"的队伍，最好也不要反对它，不然自己可就要对付对付他了。这位"可怜的"弗·格雷培是恩格斯的好朋友，而且是真正的好朋友。他置身于恩格斯头脑风暴、思维蜕变的全过程，总会被卷进恩格斯的思维风暴之中，或是鼓励恩格斯，或是与恩格斯激烈辩论，或是不同意恩格斯的观点，最终甚至对上帝是否存在而产生了最根本的观点冲突。

恩格斯不仅在信件往来中精准推送自己的思想，而且还在诗歌创作中公开宣扬他对"青年德意志"者的身份认同，特别是对革命民主主义思想的认同。他在一首诗——《黄昏》中写道：

但是，新太阳何时升起，

旧世界何时化成废墟？

我们目送旧太阳西沉,

难道黑夜茫茫无尽期?

忧伤的月儿凝视着原野,

灰雾覆盖着丘陵,

疲惫的大地在雾中沉睡不醒,

我们虽然睁着眼睛,

仍像盲人一样摸索途径;

但是朝霞欢乐地升起,

吓退了遮掩天空的乌云,

飘进山谷的灰雾,——

不过是苏醒过来的精灵的环舞。

星星在群山中跳跃,闪烁,

灿烂的星光穿破乌云,

看!花儿已经争艳怒放;

听!鸟儿正在齐声欢唱。

耀眼的光芒映红了半边天,

皑皑雪山像钻石一样闪闪发光,

金色的云朵在朝霞的映照下,

犹如太阳马的鬃毛一样,——

看那光芒四射的远处,

一轮旭日正升起在东方!

恩格斯坚信,人民革命的洪流必定会冲垮专制暴政,消灭暴君。

那封来自伍珀塔尔的信

恩格斯在通过文学作品来间接表达自己的民主主义思想的同时,还尝试了更为直白犀利的政治评论文章。还是在1839年,年仅19岁的恩格斯就发表了他的第一篇政治评论文章《伍珀塔尔来信》。在这篇文章中,恩格斯深入分析了自己非常熟悉的家乡的各种关系,他发现了各种社会问题,比如工厂制度的后果。恩格斯的写作具有鲜明的个人特色,他总是喜欢用满怀深情的目光发现家乡的美好风景。他写道:……但是河谷沿岸的地带倒相当引人入胜,并不太高的山峦,有的重岩积秀,有的峭危峻险,个个披着翠绿的衣装,嵌入碧绿的草地……伍珀河有时也是蓝色的,但是那需要晴好的天气,是蓝天的倒影恢复了河水本来的颜色……巴门的一切都看起来美观,令观者心情愉悦,这里没有奇奇怪怪的蹩脚建筑,"有的是新式的、盖得别致的、高大而坚固的建筑。到处可以看到新盖的石结构房子,石板路到此结束;接着是一条笔直的公路,两旁盖满房屋。这些房屋之间夹杂着漂白工厂的绿色草地。在这里,伍珀河河水清澈,山峦重叠,轮廓隐约可见,丛林、草地、花园五彩缤纷,红色的屋顶夹杂其间,使你越往前行,就越觉得这个地方景致迷人。"落墨甚多的家乡风景并不是为了给家乡写旅游推介宣传稿,而是用层层铺垫起的家乡风景,来对比在其中生活着的劳动人民的悲苦。稍微再用点心,实际观察一下周围,就会轻易发现,这种愉快的感觉在家乡人民的身上丝毫也看不出来。每天晚上,快乐的闲汉在街上游荡,一些哼着最粗俗最下流的歌曲的醉汉在街头荡来荡去。所有的小酒馆都挤满了人,喝醉后的工人们就在路旁的沟里睡一觉。处于最底层的搬运工人没有固定住所、没有稳定工资收入,好一些的可以栖身于干草棚或是马厩,惨一点的则只能露宿在街头垃圾堆旁或是房屋的台阶上。

Telegraph
für Deutschland.

1839.   März.   № 49.

Briefe aus dem Wupperthal.*)

I.

Bekanntlich begreift man unter diesem bei den Freunden des Lichtes sehr verrufenen Namen die beiden Städte Elberfeld und Barmen, die das Thal in einer Länge von fast drei Stunden einnehmen. Der schmale Fluß ergießt bald rasch, bald stockend seine purpurnen Wogen zwischen rauchigen Fabrikgebäuden und garnbedeckten Bleichen hindurch; aber seine hochrothe Farbe rührt nicht von einer blutigen Schlacht her, denn hier streiten nur theologische Federn und wortreiche alte Weiber, gewöhnlich um des Kaisers Bart; auch nicht von Schaam über das Treiben der Menschen, obwohl dazu wahrlich Grund genug vorhanden ist, sondern einzig und allein von den vielen Türkischroth-Färbereien. Kommt man von Düsseldorf her, so tritt man bei Sonnborn in das heilige Gebiet; die Wupper kriecht träg und verschlammt vorbei und spannt durch ihre jämmerliche Erscheinung, dem eben verlassenen Rheine gegenüber, die Erwartungen bedeutend herab. Die Gegend ist ziemlich anmuthig; die nicht sehr hohen, bald sanft steigenden, bald schroffen Berge, über und über waldig, treten keck in die grünen Wiesen hinein, und bei schönem Wetter läßt der blaue, in der Wupper sich spiegelnde Himmel ihre rothe Farbe ganz verschwinden. Nach einer Biegung um einen Abhang sieht man die verschrobenen Thürme

---

*) Unsre Leser werden uns Dank wissen für diese authentische Schilderung einer Gegend, welche das wahre Zion der häßlichsten Form des an manchen Orten in Deutschland grassirenden und das Mark des Volkes ausmergelnden Pietismus ist.
                                                                                         R. d. R.

*

恩格斯为《德意志电讯》撰写的"伍珀塔尔的来信"系列引起了很大的轰动

恩格斯分析产生这种现象的原因，首当其冲就是工厂的劳动，因为工厂的环境恶劣、任务繁重，但是工人的收入却极少，大都陷于可怕的贫困之中，与此同时疾病还肆无忌惮地在人群中蔓延。一个健康的工人日复一日地在低矮的房子里劳动，吸进的煤烟和灰尘远远多于氧气，这样的劳作用不了3年，健康的肌体就会被毁掉，5个人中可能有3个人就会死于肺结核。几乎一半的儿童失学，仅埃尔伯费尔德一个地方，2500个学龄儿童中就有1200人失学，他们在工厂里长大，使得工厂主雇用童工更为便利，而且童工的工资只有成年工人的一半。小小年纪便在恶劣的生产环境中从事繁重的劳动，只会更早摧毁他们的健康，而精神方面则更是不曾得到照料，生活的无望使得下层人们不是信奉宗教神秘主义就是酗酒。恩格斯将神秘主义与酗酒比作两个敌对营垒，这样敌对营垒的出现与分化本身就断送了人民精神获得发展的可能性。但是大腹便便的厂主们是满不在乎的，"因为虔诚派教徒的灵魂不致因为使一个儿童变坏堕落就下地狱，特别是这个灵魂如果每个礼拜日到教堂去上两次，那就更心安理得了。"最为可恶的就是虔诚派的工厂主，他们不但利用宗教心安理得地享受并剥削着工人积累的财富，还会利用宗教为借口——出于防止工人酗酒的目的，千方百计降低工人的工资。年轻的恩格斯通过揭露这些问题的存在，深入挖掘并且批判了虔诚主义对家乡的经济、社会和文化关系产生的种种影响。

《伍珀塔尔来信》是恩格斯批判宗教虔诚主义迈出的第一步。经过学徒实习生涯，恩格斯真正深入接触到了社会现实，在心中埋下的思想种子，经过现实的浇灌，迅速地发芽并破土而出，还结出了青涩的果实——恩格斯开始用接触到的先进思想和理论去观察和分析他生活的社会。

分为两部分的《伍珀塔尔来信》详尽而真实地描写出了底层劳动群众们的悲惨生活，一经刊发反响热烈，甚至刊载这篇文章的两期《德意志电讯》出现了抢购的风潮。人们争相传阅，劳动人民与进步刊物为它摇旗呐喊,而被戳穿伪善面目的工厂主、虔诚主义者们则感到压力,妄图通过宣传阵地来自我辩解,美化自己的丑恶行径。其中保守的《爱北斐特日报》编辑马丁·龙克尔博士撰文指责《伍珀塔尔来信》的作者歪曲了事实,只注重揭露了社会的黑暗面,而看不到光明的一面。面对这样无力的指责,恩格斯毫不示弱,在《爱北斐特日报》发表了公开信进行有力的驳斥。他指出:《伍珀塔尔来信》所揭露的情况是完全实事求是的,是"我在爱北斐特和巴门住过,并且具备了十分有利的条件去仔细观察各阶层的生活。"如果指责他只披露丑恶的一面,那就请龙克尔博士拿出有力的证据来。恩格斯在对质疑的驳斥中再次重申:总的来说,根本就找不到一件完全光明的事物。

《伍珀塔尔来信》是恩格斯迈出的对宗教虔诚主义进行批判的第一步,同时也是他将批判的矛头指向封建专制制度的转型之作。这篇文章既是受"青年德意志"派影响而做出的民主主义革命精神的呐喊,同时也是在"青年黑格尔"派影响下通过理性主义进行深入分析的成果。

与宗教信仰的决裂宣言

在笃信宗教的父亲笔下,恩格斯被视为"意志薄弱和思想上的浮泛",实际上评价的就是恩格斯还在青少年时期就已经具有独立思考的能力。亲身经历残酷的社会现实与美好的宗教幻景的强烈冲突,使青年恩格斯的思想经历了从茫然、困惑到质疑、反思,使他开始尝试从家庭、学校和社会的宗教教育和长期的宗教熏染中挣脱出来。恩格斯独立思考的能力在商业学徒生涯中获得了更大的发展,估计这样的变化在父亲看来就是越发"意志薄弱和思想上的浮泛"。最终,老恩格斯最为担心的事情还是发生了,在《伍珀塔尔来信》发表之后的短短几个月,恩格斯选择与宗教信仰告别。

在恩格斯接触到"青年德意志"的同时，恩格斯在实习期间还阅读了大卫·弗里德里希·施特劳斯的《耶稣传》。之后，他开始对黑格尔哲学感兴趣，受到了"青年黑格尔"派的积极影响。一方面，随着恩格斯对"青年德意志"全面、深入的了解，他在积极肯定"青年德意志"作家追求自由和平等的进步性的同时，也发现了缺陷——他们同时还宣扬一些关于悲伤厌世，关于有世界历史意义的东西，关于犹太人的苦难等空泛词句。特别是后来"青年德意志"运动遇到挫折之后，团体成员立刻意志消沉、消极避世的做法也令恩格斯大失所望。另一方面，1835～1845年是青年黑格尔派在德国思想界最为活跃和影响最大的时期，刚好贯穿恩格斯的青年时代，他在对青年黑格尔派进行学习的过程中，随着思想的逐渐成熟和深化，越发感受到黑格尔哲学的魅力。

虽然"青年德意志"派激发了恩格斯对民主主义的热烈信仰，但是对于出生并生长在宗教氛围浓厚家庭的恩格斯而言，并没有起到促使恩格斯完全冲破宗教封锁的作用。这时的恩格斯虽然对结论越来越怀疑，但仍试图追求正确的解题过程，或者说论理过程。例如，恩格斯像"青年德意志"中的作家谷兹科夫一样，试图在实证的基督教和当下文化之间找到一个充分的切合点，他曾写道："要是有人对实证的基督教采取傲慢态度，我就起来捍卫这个学说，因为它出自人的本性的最强烈的要求，出自想通过上帝的恩惠来赎罪的渴望。但是如果问题涉及维护理性的自由时，我将抗议任何强制。——我希望我们见到世界的宗教意识发生一场激进的变革。"

还记得在《咏印刷术的发明》中，恩格斯对哥白尼、伽利略、牛顿的溢美之词吗？这是他通过学习认识到了自然科学的真理性而发自内心的赞颂。但是，当地传教士还在宣传地球是宇宙不动的中心，太阳围绕地球旋转，面对这样的传教士，恩格斯无比愤怒，居然还有人相信这种中世纪的陈词滥调，还以此愚弄无知的人们。但是自然科学知识的增加并没有使恩格斯直接找到宗教本质的答案,反而发现了宗教和科学之间的矛盾,在自我探索中前进的恩格斯仍陷于不主张放弃而只是试图改良宗教意识的迷雾之中,找不到出路,精神上痛苦不堪。最终为恩格斯点亮灯塔的,正是青年黑格尔派代表人物大卫·弗里德里希·施特劳斯所写的《耶稣传》。

这本书以子之矛攻子之盾,通过对《圣经》故事的追根溯源,发现这些关于耶稣的神奇故事其实是神话,还不是同一时期一次性创作完成的神话,实际上是基督教团体成员们将不同时期的创作成果最终集合在一起,完成了一次没有合谋的集体创作。施特劳斯理性地揭穿了杜撰神话的真面目,基督教的神圣意义以及所谓的最终真理,就像剥洋葱一样被层层剥去华丽的外袍,最终指向的是无——什么都不存在。

《耶稣传》就像灯塔,灯光射穿了笼罩着恩格斯的重重迷雾,为他指明了真正告别宗教信仰的路。虽然找到了道路,也并非一条坦途。在恩格斯思想急剧变化期间,他的信中时不时就出现前后矛盾,思维跳跃而凌乱,记录下了他最真实的思想斗争过程。恩格斯首先冲破的就是虔诚主义、神秘主义和蒙昧主义,而砸碎这三大主义的武器正是受《耶稣传》影响而产生的理性主义——用理性的标准来检验,"凡被科学推翻了的东西,——现在整个教会史都包括在科学的发展中,——在生活中也不应当继续存在。"

在冲破宗教信仰的路上,恩格斯还遇到了弗里德里希·施莱艾尔马赫超自然主义的学说。他在写给弗·格雷培的信中说:"宗教是心灵的事情,谁有心灵,谁就虔诚;但是谁以推理甚至以理性作为自己虔诚的基础,谁就根本不会是虔诚的。宗教之树生长于心灵,它荫蔽着整个人,并从理性的呼吸中吸取养料。而它的果实,包含着最珍贵的心血的果实,是教义。除此以外的东西都来自魔鬼。这就是施莱艾尔马赫的学说,而我赞同的也正是这个学说。"

最终,在不断尝试将理性与宗教调和,而又不断失败之后,恩格斯终于明白理性与宗教在本质上是无法相容的，哲学在本质上是理性的抽象思维，而宗教则是一种纯粹想象的、信仰的意识，两者是水火不容的。

恩格斯是一位爱思考的青年，而且也非常勇敢。有时，人们在与好友或者周围主流观点不一致的时候，即使有自己的想法，也会为了维持朋友关系或社会关系的和谐而选择沉默，不敢大声说出自己的观点，那些不坚定的人可能干脆就随风倒保平安了。但是恩格斯选择将自己相信的观点勇敢地说出来，即使与朋友观点激烈冲突也在所不惜，他曾经与即将成为牧师的好友弗·格雷培发生了尖锐的意见对立和激烈的争论。终于在冲出迷雾之后，恩格斯于1839年10月8日和29日写给弗·格雷培的两封信中宣称："你们这就来吧，现在我可有了武器，有了盾牌和盔甲，现在我有把握了；你们就来吧，别看你们有神学，我也能把你们打得落花流水。你们的观点丧失了一切基础；你们的观点的历史基础已经无可挽回地毁灭了，教条式的基础也将相继垮台。……Adios，宗教信仰！"

《耶稣传》使他对黑格尔哲学越来越感兴趣，并最终被这一宏伟的思想体系所征服。当然，这时恩格斯实际上只是与正统的宗教信仰告别了，但在告别宗教信仰之后到他成为真正的无神论者，还有一段全新的路在等着他勇敢探索。

第四章 炮兵士兵炮轰哲学泰斗

为了摆脱父亲的管束，也为了能去柏林与自己神往已久的那些青年黑格尔派联系上，恩格斯决定去服兵役。这段经历为恩格斯成长为无产阶级军事家打下了坚实的基础，身处柏林这样的文化之都，恩格斯在从军之余不忘抓住机遇旁听学习，由此结识了柏林大学的"博士俱乐部"，也由此向当时的反动哲学大佬谢林发出了铿锵有力的战书。

入伍前的苦闷与疗伤之旅

1841年3月底,恩格斯结束了在不莱梅商行的实习,回到了阔别两年多的家乡。家乡巴门的生活一切如旧,看不到任何活力,恩格斯情绪上蔫蔫的。未来在哪里?在父亲的规划里,做一个商人吗?还是投身争取自由和进步的事业?恩格斯果断选择了后者。他对父亲大谈生意经无动于衷,这自然引发了父亲的担忧,但老恩格斯没有马上发作,采取了以退为进的策略,主动提出来——你休息一段时间吧。后半年时间里恩格斯没有被安排什么工作,他选择把自己关在房间里,终日与书籍和稿件为伴。恩格斯最喜欢的妹妹玛丽亚当时在寄宿学校上学,她写信询问大哥有没有去参加某某的婚礼、有没有去哪个亲戚家做客。恩格斯忍不住一吐心中的苦闷和无奈的自娱自乐:我也跟着家人去参加婚宴了,去走亲戚了,除了在那里吃吃喝喝,就是回头再无聊地评论回顾一番,这根本不是我的作风啊,我要是现在和你说某某婚宴怎么热闹某某亲戚家里怎么无聊,受惊吓的肯定是你吧……现在我基本上足不出我的小房间,读书、挥剑,想尽一切办法自娱自乐。在苦闷的生活里,恩格斯没有放弃学习外语,他先学意大利语,随后又自学了西班牙语和葡萄牙语。恩格斯自学的能力在这个时候已经展露出来了。

苦闷的生活又添一个重击——恩格斯失恋了。失恋是一种怎样的感觉?恩格斯觉得失恋是痛苦中最高尚最崇高的痛苦。这种折磨让他决定背上行囊出去旅行。他的足迹遍及巴塞尔、苏黎世和米兰,酷爱登山的他在苏黎世得到了治愈。他登上了阿尔卑斯山的高峰玉特利山,从山顶俯瞰整个苏黎世湖,湖面碧波荡漾,群山巍峨壮丽,湖光山色交相辉映,气象万千美不胜收。恩格斯的失恋之苦瞬间得到排解,重新振作起精神。

炮兵下士报到

旅行归来,征兵工作开始了。普鲁士法律规定恩格斯必须服一年兵役,但实际上可以花一笔钱免去这一"公民义务",恩格斯所熟识的不少贵公子哥们儿都这么做的。于恩格斯而言,入伍却是一次难能可贵的机会,一来可以摆脱老爹的管束,二来服兵役的地点——柏林——早就让他向往已久了,因为那里是青年黑格尔派的活跃地。他决定前往巴黎服兵役,既能结识神交已久的青年黑格尔派,又能找机会深造。于是,青年恩格斯走到了人生中的一个重要转折点。这一年,他21岁。

1841年10月1日,恩格斯正式向近卫军炮兵旅司令部报到,开始了为期一年的士兵生活。当时柏林一共有15个兵营,恩格斯被编入库普菲格拉本广场兵营(这个兵营后来为纪念恩格斯而更名为"弗里德里希·恩格斯"兵营),隶属第十二近卫步兵—炮兵连。根据普鲁士王国军队有关短期兵役的规定,像恩格斯这样的一年制义务兵,制服和伙食费要自理,还得支付一定的养马费和粮草费,这笔钱自然都是由恩格斯的老爹付的。也正由于这一规定,一年制义务兵享有一定的特权,即可以"自选住处,公家付款",还可配一个勤务兵,恩格斯便在兵营附近租了一个房子,日常生活琐事由勤务兵来处理。

普鲁士王国军队等级森严,日常枯燥乏味,恩格斯并不喜欢,其中尤为厌恶的是每月必须去教堂听牧师布道。在家要时时处处被宗教包裹,没想到到了兵营还得继续忍受。他想方设法地逃避,一年的时间里,他只是最开始去过一次,此后都想办法翘掉了。不过,恩格斯对艰苦的军事训练却兴趣浓厚。他每天上午8点到11点半在广场列队操练,有时是跪在沙地上练习射击,有时是炮手训练,手持又长又粗的大炮通条围着大炮轮子不停地跑，夜间还经常有紧急集合或者夜行训练。恩格斯积极投入到严格的训练中，取得了不错的成绩，半年后被提升为下士炮手，制服也与之相匹配的帅气——蓝色的军服镶着金边和金带子，黑色的衣领缀上红边，红肩章佩戴在左边，再配上恩格斯挺拔的身形，养眼啊。恩格斯自己也很高兴，他在写给妹妹玛丽亚的信里开玩笑道：这样一来，你以后要对我毕恭毕敬，因为我现在当上了炮手啦。服役期满时，恩格斯获得上尉连长冯·威德尔签发的品行证书，肯定他"服役期间品德和执勤均表现优异"。

这一年的军事训练和学习是恩格斯一生中难以忘怀的一段宝贵经历，让他收获极大。他掌握了十分丰富的军事科学知识，为以后从事军事理论和军事史的研究打开了窗口。恩格斯能够成长为马克思主义军事科学理论的创立者与这段从军经历是分不开的。

中学旁听生和"博士俱乐部"

当时的柏林之于恩格斯的意义不仅仅是军事训练的地方，更重要的是他可以去梦寐以求的柏林大学学习了。柏林是一个历史悠久的城市，恩格斯曾这样评价：在柏林这样的城市里，一个外国人如果不仔细观察柏林的全部名胜古迹，那么对他自己、对欣赏能力都是真正的犯罪。在恩格斯的眼里，柏林最吸引人目光的还不是这些名胜古迹，而是柏林大学，恩格斯曾说："柏林大学的荣誉就在于，任何大学都没有像她那样屹立于当代的思想运动之中并且像她那样使自己成为思想斗争的舞台。"在不训练的时间里，恩格斯全身心地投入到柏林大学的旁听学习中，成了一名快乐的旁听生。

柏林大学是德国学术活动的中心，名师云集，不同的政治和学术流派争奇斗艳，特别是黑格尔，他从1818年一直在这里任教，直到1831年去世，在 1830 年时升任校长。因此柏林大学成了黑格尔哲学的大本营，自然，这里也是青年黑格尔派的大本营。恩格斯在这里结识了众多的青年黑格尔派的成员。青年黑格尔派的核心成员成立了一个"博士俱乐部"，经常举办各种活动。马克思曾经是"博士俱乐部"的核心人物之一，但早于恩格斯抵达柏林前几个月，他已经离开柏林了。

"博士俱乐部"经常在咖啡馆和酒馆聚会，在这些聚会中，主要围绕着黑格尔哲学进行辩论。与恩格斯来往最多的青年黑格尔分子有：麦克斯·施蒂纳、爱德华·梅因、路德维希·布尔、埃德加尔·鲍威尔和布鲁诺·鲍威尔兄弟以及卡尔·科本。其中关系尤为密切的是埃德加尔·鲍威尔和卡尔·科本。他们两人还是马克思的好朋友，由此恩格斯得知了有个才华横溢的青年人叫马克思，虽没有见到，但恩格斯觉得自己已经是马克思的朋友了。

恩格斯还和埃德加尔·鲍威尔合作完成了长篇叙事诗《横遭灾祸但又奇迹般地得救的圣经，或信仰的胜利》。在诗篇里，他们借基督徒的口来描述青年黑格尔派的骨干分子，本意则是为了展现青年黑格尔派与反动势力的斗争，捎带着表达布鲁诺·鲍威尔因思想进步而被反动当局免去教职的愤怒。恩格斯也在诗歌里出场，他自比一个革命的山岳党人：

……
最左边的一个，穿着胡椒色的长裤，
怀着胡椒般辛辣的心，长着两条长腿，
他是谁？是奥斯沃特——山岳党人！
不论何时何地，他都坚决而凶狠。
他只拨弄一种乐器，断头台这把琴，
他只喜欢一种曲子，抒情短调，
其中只有一种叠句，这就是：

Formez vos bataillons! Aux armes, citoyens!

……

在这首诗里,他还描摹了素未谋面的马克思:

……

是谁跟在他的身后,风暴似的疾行?

是面色黝黑的特里尔之子,一个血气方刚的怪人。

他不是在走,而是在跑,他是在风驰电掣地飞奔。

他满腔愤怒地举起双臂,

仿佛要把广阔的天幕扯到地上。

不知疲倦的力士握紧双拳,

宛若凶神附身,

不停地乱跑狂奔!

……

从这首长诗中,我们可以看到恩格斯是充满着激情参加青年黑格尔派的,这个只有中学肄业学历的炮兵下士与那些才华横溢的真正的博士们相比,毫不逊色。"博士俱乐部"成员们十分赞赏这个血气方刚又极具才华的新伙伴。

当然,恩格斯对自己有清醒的认识和清晰的学习规划。他努力学习各种知识,像海绵一样不断吸收新的学说,挤出一切时间旁听了柏林大学许多著名教授关于哲学问题的讲座。他在给卢格的信里表达了自己的宏大志向:"……我还年轻,又是个哲学的自学者。为了使自己有一个信念,并且在必要时捍卫它,我所学的已经够了,但是要能有效地真正做到这一点,却是不够的。人们将会对我提出更多的要求,这是因为我是一个'兜售哲学的人',不能靠博士文凭取得谈论哲学的权利。……迄今为止,我的写作活动,从主观上说纯粹是一些尝试,认为尝试的结果一定能告诉我,我的天赋是否允许我有成效地促进进步事业……我对尝试的结果已经可以表示满意了；现在我认为自己的义务是，通过研究（我要以更大的兴趣继续进行研究）去越来越多地掌握那些不是先天赋予一个人的东西。"

这段话对我们今天的求学太有指导意义了，先天的禀赋和后天的努力都很重要，唯有不断地学习、积累和进步才能不辜负自己的志向。

即将服役期满的前一个月，恩格斯从一个老乡那里偶然得到了一条可爱的西班牙小猎犬。它擅长游泳，性格很野，恩格斯给它取名"无名氏"。"无名氏"没有学会什么逗乐的把戏，只从恩格斯那儿得到了一点革命的熏陶，每次恩格斯对它说："无名氏，那人是个贵族。"它就马上对着那人龇牙咧嘴。跟着革命者在一起时间久了，小狗都有革命性了。

三 发射向谢林的重磅炮弹

相比于家乡巴门和不莱梅生活而言，恩格斯在柏林感受到的是生气勃勃的精神生活，这里是各进步党派和封建反动党派公开斗争的战场，同时也是普鲁士反动势力的堡垒。1840年普鲁士国王威廉四世登基以后，采取了严厉的文化控制。青年黑格尔派作为当时积极批判封建专制和宗教神学的进步群体，自然引发了统治者的不满。一些御用文人和正统派的牧师、神学家联手向黑格尔哲学和青年黑格尔派发起了声势浩大的讨伐，为的是彻底打压日益壮大的自由主义和民主主义思潮。谢林的隆重登场以及恩格斯对谢林的斗争就在这样的背景下拉开了序幕。

谢林是何许人也？少年天才如谢林，15岁上大学，23岁就当上了教授，创立了盛行一时的"浪漫派"运动和"自然哲学"，还创建了客观唯心主义的"同一哲学"体系，后者奠定了德国古典哲学改造者的地位。谢林曾经也是意气风发的青年，早期的著作很能代表德国资产阶级希望改变封建关系的革命要求，甚至比他大5岁的黑格尔都曾积极追随他的"同一哲学"。但从1809年开始，谢林助教抛弃了先前激进的革命观点，反而变成了曾经自己所反对的人——封建专制制度的辩护者，当上了柏林科学院院士和普鲁士政府枢密顾问，天天鼓吹"天启哲学"。光听这名字就能感觉到一股浓浓的宗教神秘主义味道，谢林在邪门的道路上是越走越远了。保守势力自然喜欢这样的谢林，不仅保守，还有名声，更有资历；如果只有这一条，不足以成为他们来打压青年黑格尔派的工具。于是，在1841年秋天，普鲁士国王邀请谢林到柏林大学任教。柏林哲学圈风云激荡起来了。

1841年11月15日的柏林大学第六讲堂座无虚席，全欧洲慕名而来的听众都在期待着谢林如何驳斥已经去世的黑格尔。大家谁也没有注意到有一个年轻的炮兵静静地坐在后排，他就是恩格斯。

谢林开场就攻击黑格尔只注重哲学的方法而忽略其内容，而他说自己是关注哲学内容的，所以比黑格尔高出一筹；他说黑格尔从来都没有建立起思想体系，只是从我谢林的思想体系里扒拉点边角料来维持生计。他来讲学的任务可不是只有攻击黑格尔这一条，别忘了他是以御用文人的身份来到柏林大学的。所以谢林花大力气宣传自己的"天启哲学"，说上帝是创造性的、有人格的存在，一切存在物都是上帝的启示；在国家里相当于上帝地位的就是国王。这种中世纪"君权神授"的烂旗子早就应该被扔进历史的垃圾堆里了，谢林竟然公然开历史倒车。对于谢林的演讲，正统派赞许他；老年黑格尔派讨厌他，因为他否定了黑格尔哲学；青年黑格尔派则公开向谢林宣战。恩格斯加入了这场战斗中，并且很快发出了炮轰谢林的最重磅炮弹。

谢林第一次演讲结束后的半个月，恩格斯就在《德意志电讯》上率先发表了《谢林论黑格尔》，当时他用的笔名是奥斯沃特（对，就是那个诗歌里他自比的革命者名字）。在这第一篇讨伐谢林的檄文中，恩格斯一针见血地指出，谢林来柏林大学讲学的实质就是在政治和宗教方面争夺对德国舆论的统治地位，而这争夺关乎对德国本身的统治地位问题。恩格斯虽然年轻，但是笔劲老道，勾画出谢林贪功的无耻嘴脸，他在文中振臂高呼：有志青年们一起勇敢地投入战斗吧，去反对新的敌人吧；我们之中终将有人出来证明，热情之剑也像天才之剑一样锋利。接着恩格斯又连出两本小册子——《谢林和启示——批判反动派扼杀自由哲学的最新企图》和《谢林——基督的哲学家，或世俗智慧变为上帝智慧》，继续捍卫黑格尔哲学，揭露谢林的落后、保守和反动本质。恩格斯预告谢林将失去听众的支持，不仅因为谢林鼓吹的"天启哲学"逆时代洪流而动，还在于黑格尔思想的创造力表现出勃勃生气而谢林却江郎才尽，谢林所宣扬的陈词滥调早已没有了昔日的勇气和雄辩，于是他只好借助于魔法把上帝从不可追溯的存在的无底深渊召唤出来。恩格斯高呼：难道你们没有看到我们的同志的刀剑在闪闪发光，没有看见他们战盔的翎毛在悠悠飘动！他们的队伍从四面八方赶来。在号角声中，他们唱着战歌从谷地，从群山向我们涌来。伟大的决胜的日子，各族人民战斗的日子来临了，胜利必将属于我们！

这两部发表的著作恩格斯没有署名，所以社会各界并不知道是恩格斯所作。青年黑格尔派代表人物阿诺德·卢格发了一篇长文热情赞扬《谢林和启示——批判反动派扼杀自由哲学的最新企图》——误以为这是巴枯宁的作品——写道：真是了不起，这个可爱的青年把柏林所有的老蠢材都抛在后面了。等到他知道该文的作者是恩格斯的时候，迫不及待给恩格斯写信，开头就钦佩地称呼他为"博士"，因为在大多数人看来，能写出这种水平文章的不是博士还能是什么呢？恩格斯马上澄清：我只是一个商人和普鲁士王国的一个炮兵。波兰和俄国的纪检部刊物都翻译转载了恩格斯的战斗檄文，青年黑格尔派受恩格斯的鼓舞也纷纷加入讨伐谢林的战斗队伍中。堂堂的大哲学家谢林哪里能想到让自己狼狈不堪的竟然是一个中学都没有毕业的旁听生。1842年3月18日晚，谢林仓促地提前结束了自己的课程，当天晚上，柏林大学的进步学生在他居住的莱比锡大街举行了一场声势浩大的火炬游行，高呼谢林滚出柏林。谢林灰头土脸地悄悄辞去了柏林大学的教职，逃走了。

炮轰谢林轰轰烈烈地落幕了，不久，恩格斯也要离开柏林了。1842年9月30日，恩格斯服役期满离开军队，10月份回到了家乡巴门。从柏林返回家乡的途中，恩格斯专程前往科隆拜访他仰慕已久的马克思。早在柏林的时候，恩格斯就时常听到"博士俱乐部"的成员们赞扬马克思如何有思想、有革命血气，可是那时候马克思已经离开了柏林。恩格斯颇感遗憾。从1842年春天开始，恩格斯给《莱茵报》这个当时具有民主主义色彩的报纸写了不少政论文章，差不多同时，马克思也开始为这家报纸撰稿。有了这样一层联系，恩格斯想见马克思的心情又活跃起来。可是偏偏不巧，恩格斯特意绕路到科隆《莱茵报》编辑部的时候，马克思恰恰不在科隆。谁能想到，在以后的历史上被紧紧联结在一起的两个人要认识起来这么曲折。

毫不意外，恩格斯和父亲的矛盾更加尖锐了，老恩格斯直言恩格斯像一个害群之马在家里祸害家族氛围，他决定把恩格斯送到波澜不惊的英国。于是，有了此后恩格斯波澜壮阔的英国蜕变。

第五章　向唯物主义和共产主义的转变

每个人的一生中总有那么几个重要的转折点。1842年到1844年曼彻斯特的生活对于青年恩格斯的思想发展而言是有决定性意义的,按下了恩格斯思想发展的快进键,成为恩格斯人生中"为夺取生活桂冠"而迈出的重要一步。

在曼彻斯特按下思想的快进键

就人生态度而言，恩格斯渴望在广阔的生活天地中乘风破浪、披荆斩棘。1840 年，恩格斯在《齐格弗里特的故乡》中借由齐格弗里特这位德国青年代表的传说，高声呐喊出了心中的理想："我们要走出去，跨入自由的天地，冲决谨小慎微的束缚，为夺取生活的桂冠，为有所作为而奋斗。"这一理想从 1842 年开始逐步得以实现。

1842 年，英国的坚船利炮打开了中国大门，逼迫清政府签订了第一份不平等条约——《南京条约》。正是在那一年的 11 月，恩格斯第三次到了曼彻斯特，去父亲与别人合股经营的欧门—恩格斯纺织公司办事处工作。多年后，恩格斯还在《英人对华新远征》一文中评论了英国发动的第一次鸦片战争，并盛赞中国人民在当时"镇江保卫战"中的英勇无畏，"驻防旗兵虽然不通兵法，但是绝不缺乏勇敢和锐气。这些旗兵，总共只有 1500 人，但却殊死奋战，直到最后一个人。如果这些侵略者到处遭到同样的抵抗，他们绝对到不了南京"。今天我们还可以到镇江焦山风景区，透过炮台遗址处的斑斑痕迹遇见那段历史。

当时的英国是一个"和其他任何国家都不一样的国家"，不仅于 1688 年实现了光荣革命，而且率先展开了工业革命波澜壮阔的画卷。恩格斯就要投入这个与众不同的国家的怀抱了，而且投入的还是最早拉开工业革命大幕的曼彻斯特。

曼彻斯特作为世界上最早的工业化城市，碰上恩格斯那股渴望"促进进步事业"和"参加当代的运动"的执念，再加上那被德意志哲学浸润的大脑，注定要在他身上开出不一样的思想之花。

曼彻斯特位于英格兰西北部平原，19 世纪 40 年代人口多达 40 万。今天见惯了动辄上千万人口的超级大城市的我们可能会对这一数字嗤之以鼻，但通过横向对比才能知道当时曼彻斯特在欧洲城市中的重要地位。那时伦敦人口不过 100 万，巴黎也不过 50 万。英国著名史学家霍布斯鲍姆在《革命的年代》一书中这么定义 18 世纪末至 19 世纪上半叶的大多数欧洲城市："urban"更多是地方小城镇，大多数城镇人口规模不足 2 万人。相形之下，曼彻斯特可谓是当时货真价实的世界超级大都市。

棉花喜热、好光、耐旱、怕涝，而温带海洋性气候的曼彻斯特温和多雨，这里并不利于棉花生长。但确实就是在这里诞生了纺织工业的奇迹。1765 年，世界闻名的"珍妮纺纱机"在兰开夏郡被发明，那时曼彻斯特属于兰开夏郡。这一纺纱机意义非凡！当欧洲其他地方还在历史怀抱中沉睡时，曼彻斯特的历史巨轮已在纺纱机的转动下悄然启动。进入 19 世纪，在工业革命巨大引擎的推动下，曼彻斯特孕育了全新的纺织工业，摆脱了小作坊式的手工生产，大规模地使用蒸汽机和车床，成为英国纺织业中心，被誉为"棉都"，是当时英国仅次于伦敦的第二大城市。如果说英国是世界的工厂，那么曼彻斯特则是英国的工厂，一时风光无限。这里是考察资本主义、感知工业革命的最佳窗口。

穿过繁华，背后往往是寂静的苦难。第一次工业革命带着曼彻斯特这座城市到达了历史的风口，但风口之下也百态尽显。1835 年，法国思想家托克维尔在参观完曼彻斯特的厂房后写道："从这污秽的阴沟里泛出了人类最伟大的工业溪流，肥沃了整个世界；从这肮脏的下水道中流出了纯正的金子。人性在这里获得了最为充分的发展，也达到了最为野蛮的状态；文明在这儿创造了奇迹，而文明人在这儿却几乎变成了野蛮人。"工业革命的双重影响集中反映了资本主义的矛盾。如果今天的我们对当时的曼彻斯特感兴趣，想了解更多，可以读一读盖斯凯夫人的《玛丽·巴顿》和《南方与北方》两本小说。它们都是以曼彻斯特这一城市为背景，讲述了 19 世纪三四十年代棉纺工人的生活。

曼彻斯特不仅有着发达的资本主义工业生产，而且这里的无产阶级斗争也如火如荼。在恩格斯还未到达英国时，英国的工人阶级宪章运动已经登上了历史的舞台。曼彻斯特40万人口中绝大多数是一无所有的无产者，他们生活在巨大的、可怕的贫民窟中。生活的重压迫使他们反抗。一开始，无产阶级把机器看成造成他们贫困的根源，所以斗争的主要方式是纵火和捣毁机器等。随着资本主义生产方式的发展，无产阶级和资产阶级对立越来越尖锐，无产阶级逐渐认识到不是机器而是资产阶级造成了他们的贫困，工人之间的利益是趋于一致的，不能互相内耗，而是要联合起来共同对资产阶级进行斗争。工人阶级组成了联合会，开始了与资产阶级新的斗争。这个时候，斗争的手段就从捣毁机器上升到了罢工。当时，罢工每星期甚至每天都在上演。

1840年，英国无产阶级组织了"宪章派全国协会"，并把"宪章"作为无产阶级的政治旗帜树立起来，要求获得平等的选举权。这是工人阶级斗争的进一步发展，因为罢工的诉求从最初要求涨工资等经济斗争发展到了政治斗争，斗争的矛头直接指向资本主义制度的基础。这一切为恩格斯观察资本主义提供了最佳立足点。

恩格斯第三次在曼彻斯特长达20个月的生活开启了他思想和生活发展的新篇章。对曼彻斯特工业资本主义的直接接触，使恩格斯从这里走向"英国生活的深处"。恩格斯深深感悟到了工业革命的巨大威力：工业革命创造出了自然界没有的东西，不仅使财富的形态发生了变化，而且带来了现实世界的颠倒。财富不再仅仅是自然之物，而是人的劳动创造之物，这种财富的巨大堆积让现实的世界拜倒在了其"石榴裙"下。这一切推动着恩格斯从革命民主主义和唯心主义顺理成章地走向了共产主义和唯物主义。

多年后，恩格斯回顾道："我在曼彻斯特时异常清晰地观察到，迄今为止在历史著作中根本不起作用或者只起极小作用的经济事实，至少在现代世界中是一个决定性的历史力量；这些阶级对立，在它们因大工业而得到充分发展的国家里，因而特别是在英国，又是政党形成的基础，党派斗争的基础，因而也是全部政治历史的基础。"既然如此，工人阶级要搞的革命就不仅仅是政治革命，而是社会革命，必须改变资本主义不公正不合理的经济现实。只有通过暴力革命消灭现有的反常关系，从根本推翻资产阶级统治，才能改善无产阶级的状况。这就是曼彻斯特带给这位即将成为伟大思想家的生活感悟和思想启发。然而，这些观点不是天上掉下来的，而是恩格斯用勤奋的汗水和坚定的信仰获得的。虽然恩格斯资质极高，但没有勤奋，很快也会江郎才尽。任何成功与伟大都不是随随便便获得的，奋斗是成功的底色。我们来看看恩格斯在曼彻斯特的努力与勤奋。

读无字之书：走向英国生活的深处

首先必须说一下，相比此后 1850 年的再赴曼彻斯特之行，1842 年这次远赴曼彻斯特的恩格斯是很兴奋的。因为这不是老恩格斯的强硬安排，而是恩格斯和父亲共同的愉快决定。

原本以为恩格斯在听到自己要求他去曼彻斯特工作的消息时会极不情愿，没想到居然爽快地答应了，老恩格斯内心十分愉悦，为自己终于想到办法治治这个不断添麻烦的"逆子"而感到兴奋。"把你抛进英国那灯红酒绿的生活中，看你怎么受德国新思想的'荼毒'"！老恩格斯胸有成竹，仿佛已经看到儿子身上那令人恼火的理想主义正在被英国人的务实一点点给磨平。因为在他看来生活就像一个熨斗，可以烫平所有理想的褶皱。

老恩格斯真的太不了解他这个儿子了！恩格斯的理想不是心血来潮，那是从心底长出来的渴望，怎会如此轻易被生活降服。真正的理想面对生活会越挫越勇。英国的灯红酒绿固然令人神往，但恩格斯非是物欲之辈，那里有更吸引他的东西——终于有机会可以"走进英国生活的深处"，"好好研究一下英国的状况"。

一到曼彻斯特，恩格斯就开了眼界，碰上了当时轰轰烈烈的反谷物法运动。

所谓反谷物法运动，就是当时英国有钱的两大阶级之间的夺权大战。1815～1846年，英国制定了一系列有关谷物的法令，旨在维护国内的谷物价格水平，抵制国外低价进口谷物的竞争。这有利于谁呢？当然是土地贵族。然而，英国此时已经开始成为世界上第一个工业国家，工商业资产者可不喜欢这种贸易保护的行为，他们渴望得到彻底的贸易自由，所以对这个谷物法特别不满，开始了与土地贵族的斗争。

面对如此赤裸裸的利益争夺，任何人都能直观地感受到阶级冲突的基础不是精神原则，而是经济的、物质的原因。这让恩格斯立马发现手中握有的理论武器——黑格尔的唯心主义不灵了。什么国家是理性的化身，决定历史的发展，完全不能解释发达的工业资本主义的状况和充分展开的各阶级之间的斗争状况。怎么办？恩格斯可不是一般人，他是被德国古典哲学浸润过的，不是非黑即白的直线思维，有着自己独立且深刻的判断。所以，恩格斯说：等等，别急。纵然我已清楚英国阶级斗争历史背后起作用的是物质的经济的因素，但并不意味着就要接受英国人的经验主义。因为在恩格斯看来，英国人实用主义的认识工具也不是那么好使。他们本质上是肤浅的经验主义的实用主义，"只看事物表面"而忘记了"事物的基础"。正确的道路就是，必须要阐明事物的普遍性和必要性，不能只知道眼前利益，不能仅仅注意到个别的事实和外部联系。恩格斯是深谙黑格尔辩证法的。

"纸上得来终觉浅，绝知此事要躬行。"恩格斯认为，要了解事物的普遍性和必要性，看清英国的真实，必须要有实干精神，深入了解无产阶级的生活条件和劳动条件。没有比亲自去看一看更好的办法了。在曼彻斯特，恩格斯用双脚、双眼和大脑丈量了生活这本无字之书，深阅了工业革命这部伟大史诗，打开了通向资本主义社会深处秘密的大门。

虽然恩格斯是股东的儿子，但欧门—恩格斯纺织公司的实际掌控人是彼得·欧门。出于对恩格斯家族的防备，恩格斯到了工厂实际上并没有什么实权。实际上，1837年7月，老恩格斯带着儿子第一次到英国也和这次情况差不多。当时美其名曰修改合同，实则让恩格斯也开开眼，见见世面，锻炼一下，老恩格斯内心最真实的目的是培养他这个大儿子成为接班人。那时合伙人彼得·欧门的两个弟弟已经迫不及待地想进一步掌握公司。面对此种情景，老恩格斯只好让即将要去不莱梅实习的恩格斯跟他去英国走一趟，为他站站台以便日后接班。当接班人就必须要熟悉业务，尤其是在合伙企业。否则，利益受损、分割不均，多少合伙人变散伙人。虽然此次到公司恩格斯没有实权，但事务还不轻松。每天抄抄写写的枯燥烦琐工作简直是对恩格斯的侮辱和消耗。不过，恩格斯并不计较，因为经商又不是他的兴趣，正好还利用这个时间走一走，看一看。世界那么大，何必把自己淹没在苦闷而又讨厌的商行生活之中呢？什么社交活动、宴会、葡萄酒、香槟，统统抛掉！恩格斯迫不及待地走进工人区，深入考察工人的状况，和普通工人交往，以洞察资本主义社会的底层与本质。

恩格斯的足迹遍布曼彻斯特的每一寸土地，辗转在不同工人的厂区和住宅区。这一路走下来，资产阶级出身的恩格斯即使有心理准备，即使见过伍珀塔尔的悲惨世界，但还是被震撼了，他目睹了真正的贫穷，了解了英国工人阶级的状况。

像曼彻斯特、伦敦这样的大城市到今天还是无数人逐梦的地方，但当时对于工人阶级来说，却一边是万丈深渊，一边是悬崖峭壁，这里就没有刻着"选择"与"容易"二词。在城市的一端是富人区,而另一端则是令人痛心的贫民窟,两端形成了魔幻的折叠空间。当时英国工人阶级的居住区街道肮脏,破旧狭小,拥挤不堪,往往一家男女老幼挤在一屋。看看恩格斯的原文描述:

"1400幢房子,里面住着2795个家庭,共约12000人。安插了这么多人口的空间,总共只有不到400码(约366米)见方的一片地方,由于这样拥挤,往往是丈夫、妻子、四五个孩子,有时还有祖母和祖父,住在仅有的一间10~12英尺(约3~4米)见方的屋子里,在这里工作、吃饭、睡觉。我认为在伦敦的主教唤起公众注意这个极端贫穷的教区以前,城市西头的人们知道这个地方并不比知道澳洲和南洋群岛的野人更多一些。只要亲眼看一下这些不幸的人们的苦难,看一看他们吃得多么坏,他们被疾病和失业折磨成什么样子,我们面前就会显现出这样一个无助和贫穷的深渊,仅仅是这个深渊有可能存在,像我们这样的国家就应该引以为耻。……全区在10个当家人当中,很难找到一个除了工作服外还有其他衣服的人,而且工作服也是破破烂烂的;他们中有许多人,除了这些破烂衣服,晚上就没有什么可以盖的,他们的床铺也只是装着麦秸或刨花的麻袋。"

还有更令人震惊的:

"各报在报道萨雷的验尸官卡特先生1843年11月14日检验45岁的安·高尔威的尸体的情形时曾描写过死者的住所。她和丈夫及19岁的儿子住在伦敦百蒙得锡街白狮子大院3号的一间小屋子里面;里面没有床,没有铺盖,也没有任何家具。死者和她的儿子并排躺在一堆羽毛上(羽毛沾满了死者的差不多赤裸裸的身体),因为他们既没有被子,也没有床单。羽毛牢牢地沾满了整个尸体,不净尸就不能进行检验,在净尸的时候医生发现尸体极其消瘦而且被跳蚤、虱子等咬得遍体鳞伤。屋里的地板被拆掉一块，全家就用这个窟窿做茅坑。"

上文如此"生动而具体"的案例还不是最糟糕的：

"但是不管怎么样，还有一个藏身之所的人，比起无家可归的来总算是幸运的。伦敦有5万人每天早晨醒来不知道下一夜将在什么地方度过。他们当中最幸运的，能把一两个便士保存到天黑，就到一个一切大城市里面都很多的所谓'夜店'（lodging-house）里面去，用这点钱在那里找到一个栖身之所。但是，这是一个什么样的栖身之所呵！房子从地下室到阁楼都摆满了床；每一间屋子有4张、5张、6张床——能容纳多少就摆多少。每一张床上睡4个、5个、6个人，也是能容纳多少就睡多少——生病的和健康的，年老的和年轻的，男的和女的，喝醉的和清醒的，所有这些人都乱七八糟地躺在一起。然后就开始了各种各样的争论、吵闹、打架，而如果同床铺的人彼此很和睦，那事情就会更糟；他们商量好共同去盗窃或者去干那种不能用我们人类的语言来形容的兽行。而那些没钱住这种夜店的人又怎样呢？哪里可以睡，他们就睡在哪里——在过道里，在拱门下，或者在警察或房主不会去打搅他们的任何角落里。一些人幸而走进私人慈善事业在某些地方办的收容所里面去，另一些人睡在维多利亚女王宿下的公园里面的长凳上。"

工人阶级可怕的生活工作环境没有让恩格斯掏出手帕捂着鼻子落荒而逃，反而进一步激发了恩格斯心中的人道主义情感和进一步了解他们的欲望。这种了解不是走马观花的匆匆一瞥，而是深入细致的调查。正如他几年后在《英国工人阶级状况》中所写的那样："我非常认真地研究过你们的状况，研究过我所能弄到的各种官方的和非官方的文件，但是我并不以此为满足。我寻求的并不仅仅是和这个题目有关的抽象的知识，我愿意在你们的住宅中看到你们，观察你们的日常生活，同你们谈谈你们的状况和你们的疾苦，亲眼看到你们为反抗你们的压迫者的社会的和政治的统治而进行的斗争。我是这样做了。"用今天的概念来讲，这就是走群众路线。恩格斯对工人说："我希望，我对他们（资产阶级）来说才是外国人，而对你们来说却不是。"

恩格斯一有空就参加工人的聚会和各种活动，在这过程中他发现了工人阶级更令人震惊的一面：白天从事着繁重的体力劳动，一到晚上他们举办各种报告会，搞学术论坛。没有听错吧？是的，一点没有听错。工人阶级虽然经历着眼前的苦难，但他们从未忘记诗和远方。端着小板凳坐在台下聆听工人们内容丰富的演讲时，表面平静的恩格斯内心早已掀起了滔天巨浪。工人所承受的前所未有的苦难不仅没有击垮他们，反而以极大的乐观主义对抗生活，多么令人敬佩！恩格斯一边为工人阶级所遭受的苦难感到愤慨，一边得出大胆的结论：无产阶级是最进步的阶级。青年恩格斯迈向共产主义最重要的发现就是无产阶级既不是肮脏的人群，也不是社会的溃疡，不只是受苦的、毫无历史主动性的阶级，而是一个独立的、创造历史的阶级。这时恩格斯已经开始站到了无产阶级立场上，朝着共产主义迈出了坚实的一步。

恩格斯在英国没有流连往返于各种酒会、派对，他在了解工人阶级的过程中结交了一批好友。有旅居英国的德国诗人格奥尔格·维尔特，有宪章运动的著名活动家、《北极星报》的编辑乔治·哈尼，有正义者同盟领导成员卡尔·沙佩尔、亨利希·鲍威尔、约瑟夫·莫尔。与他们的交往是令人愉快的，以至于恩格斯晚年还能清晰地回忆起初遇的情景。与他们一起，恩格斯积极参加了英国工人阶级运动宪章派的活动，更进一步了解英国的阶级斗争，对工人阶级的历史命运开始了深刻的理性思考。由此，恩格斯人生的重要转折——从革命民主主义转向共产主义——进一步加速，深感工人阶级只有通过无产阶级革命，推翻资产阶级统治，才能改变自身命运。

1844年夏，宪章派罢工的失败让恩格斯更加坚定了自己的看法：在这种形势下用和平的方式进行革命是不可能的，必须搞推翻资产阶级的社会革命。所以，当时正义者同盟领导沙佩尔邀请恩格斯加入正义者同盟，恩格斯拒绝了，因为恩格斯既不同意他们带有宗派色彩的暴动策略，也不同意他们的平均主义及其理论基础——魏特林共产主义。

读有字之书：想得多也要读得多

丰富的经验素材离开了深厚理论研究的引领，无法实现思想的升华。既要读有字之书，也要读无字之书，才能书写人生之书。

我们很多人在年轻时候很容易犯的一个毛病就是杨绛先生所指出的："读书不多而想得太多。"还未与大师为伍，还未与他们对话，就想拥有更睿智的思考和见识，这犹如建造一个没有地基的空中楼阁，不过是痴人说梦。

杨绛说：读书好比串门儿，可以不打招呼地去参见任何钦佩的老师或拜谒有名的学者。

罗素说：阅读将使我们与伟大的人物为伍，生活于对崇高思想的渴望中，在每一次困惑中都会被高贵和真理的火光所照亮！

雨果说：书籍是改造灵魂的工具。人类所需要的，是富有启发性的养料。而阅读，则正是这种养料。

正因如此，有人问非常著名的阿根廷作家博尔赫斯："天堂是什么样？"博尔赫斯回答："天堂是一座图书馆。"

读懂马克思和恩格斯，读懂马克思主义需要经典的磨砺，而经典的诞生本身需要经典的磨砺。唯有如此，才能有新思想的破土。恩格斯在曼彻斯特不仅深入了英国生活的深处，深阅了生活这本无字之书，思考得多，而且读得也多，认真读了一批好书，过着十分充实的理论生活。

恩格斯大量研读了黑格尔、费尔巴哈等人的著作，研究了历史和民族学理论，研究了空想社会主义学说，特别是研究了政治经济学。此时恩格斯的书单中，除了黑格尔、费尔巴哈等人的德国古典哲学著作外，空想社会主义大师欧文、圣西门、傅立叶和亚当·斯密、大卫·李嘉图、约翰·穆勒等人的古典政治经济学著作也是重点研读对象。

通过阅读德国古典哲学的相关著作，恩格斯领略到了黑格尔辩证法的革命魅力，继承了费尔巴哈哲学的唯物主义内核；通过研读经济学的著作，恩格斯深刻体会到经济因素在社会发展中的决定性作用，认识到了物质利益在英国政治斗争和政党斗争中的基础作用；通过阅读空想社会主义的著作，恩格斯深刻认识到了资本主义社会的种种弊端及其历史过渡性。

恩格斯的理论研究不是书斋中思想的孤独自白，而是读与想的有机结合。只想不读，是邮差，而只读不想，如水过鸭背，最终了无痕迹，脑袋空空。只有边读边想，用生活所感去读书，用读书所得去生活，才可能抵达思想和生活的深处，获得不一样的人生。

恩格斯结合当时他所收集和体验到的英国社会发展和工人运动的实践，对所研究的理论展开了检验与批判。他不仅吸收了德国古典哲学、空想主义理论、政治经济学的精华，而且敏锐地洞察到了他们的矛盾所在。

虽然空想社会主义揭示了资本主义的剥削实质，对未来社会做了许多天才性的设想，但从根本上不懂得社会经济关系；古典政治经济学虽然对资本主义的经济关系展开了有价值的分析，但他们只停留于表面，把资本主义私有制当成前提，而不追问这一前提是否合理；黑格尔的辩证法固然厉害，把历史看作一个过程，但这里的历史只是精神的历史……这些矛盾之处是黑格尔、斯密等这些思想家的终结之处，但也是恩格斯新思想的萌发地。

恩格斯融无字之书于有字之书，深刻的体验和深入的思考让他触及问题的本质，从而在与伟人为伍的同时能够站在这些伟人的肩膀上继续前行。

要知道，恩格斯读这些大家的书，绝不是捧着什么"10分钟带你看……"这样的二手资料，而是老老实实、原原本本啃原著。原著和二手资料就像卖家秀和买家秀的区别一样判若云泥。只有深耕经典，才是真正与伟人为伍，与伟人对话，与伟人进行思想的角力。这个角力的过程就是思想的砥砺磨炼升华过程。离开了这一过程，思想认识的提升不过是镜中花、水中月。晚年的时候恩格斯特别对青年人强调了读原著的重要性："从真正的古典书籍学起，而不是从那些最要不得的德国经济学简述读物或这些读物的作者的讲稿读起"，"研究原著本身，不会让一些简述读物和别的第二手资料引入迷途"，而且在读的过程中"要不断地努力得出自己的见解"。

没有上过大学的恩格斯绝不能成为"大学无用论""读书无用论"的脚注，恰恰相反，恩格斯在曼彻斯特的经历，首先教会我们的就是读书好、好读书、读好书。没有好书的浸润，恩格斯成长不会如此迅速。正是在深入调查研究的基础上，加上经典的浸润磨砺，恩格斯才开始了思想的转变，从革命民主主义和唯心主义转向唯物主义和共产主义。看着恩格斯的读书生活，再反观今天我们在面对恩格斯和马克思的经典时，很多人不再是回到原著，而是浮光掠影了几句话或二手解读畅销书就妄言"马克思主义无用""马克思主义过时"，真是令人讽刺！

不到两年的时间很快就过去了，但对恩格斯来说这一段曼彻斯特的岁月却是他一生中最具有决定意义的转折点。他不仅深入地考察了资本主义的典型，还热情地参加了工人阶级的经济斗争和政治斗争。

1844年8月，离开曼彻斯特时，恩格斯还是那个意气风发的青年，初心未改；但同时恩格斯又不是来时的那个青年了，因为这段曼彻斯特的经历让他已经站在了新的历史起点上了，而这新起点的标志则是发表于《德法年鉴》的两篇重磅文章。

第六章　崭新的起点

曼彻斯特,这个资本主义经济关系的典型舞台,有组织的工人运动的中心,给了恩格斯不一样的生活体验和人生阅历,让他搭上了思想发展的"高铁",使得他能够快速地站在历史的新起点上眺望未来的社会。这个新的历史起点集中体现于他发表在《德法年鉴》的两篇文章:《政治经济学批判大纲》和《英国状况》。这两篇文章成为恩格斯从唯心主义和革命民主主义转到唯物主义和共产主义的根本标志。

勤奋是才华的磨刀石：丰硕的理论成果

来到英国后，对工业发展和无产阶级生活的直接接触使得恩格斯比马克思更快触及实质问题：经济才是社会发展的决定性因素。日本著名马克思学家广松涉提出"青年恩格斯引导青年马克思"。从曼彻斯特的生活看恩格斯确实走了一条与马克思不太相同的道路，而且是一条"捷径"。这条捷径只是从逻辑上讲，但现实中思想的破土从来不是一件易事。没有经历生活的历练与思想的洗礼，理论的升华是苍白的；而实际的观察必然要凝练为新的理论表达，才能实现思想的转变。

这个转变不是一个轻松的过程。人生的华丽转身或是一段伟大的人生，都反复证明了一件事：任何非凡的眼界、格局和才华只有用巨大的牺牲和艰辛的付出才能成就。恩格斯具备这些优秀的品质。他不仅有财，而且有才。更重要的是如此有才的他还如此勤奋。当然，忙不是勤奋的标志，很多时候的瞎忙对于人生并没有多大意义。恩格斯在曼彻斯特虽然很忙，但不是瞎忙。他一边考察，一边读书，还一边写作，让所见所思及时付诸笔端，形成文字。而且恩格斯的思考和写作都是极快的，马克思不止一次地对朋友说，恩格斯是一部真正的"百科全书"，不管是白天还是黑夜，不管是头脑清醒还是酒后，在任何时候他的工作能力都很强，能一气呵成地完成一篇稿子，逻辑清晰，表达严谨。

勤奋是才华的磨刀石。曼彻斯特的实践和观察，再加上恩格斯优秀的个人特质，自然结出了丰硕的理论果实。恩格斯撰写了《英国对国内危机的看法》《国内危机》《各个政党的立场》《英国工人阶级状况》《谷物法》《伦敦来信》《大陆上社会改革运动的发展》等多篇文章，发表在英国的《北极星报》《新道德世界》、德国的《莱茵报》《德法年鉴》、瑞士的《瑞士共和主义者》、法国的《前进报》等，其中还不乏转载。这些文章中既有时事评论，也有对政治、经济、社会和历史的深入解读，都是恩格斯在曼彻斯特生活所结出的理论之果。

一开始就结束的《德法年鉴》

说到恩格斯发表在《德法年鉴》的两篇文章，不得不先说说这个杂志。《德法年鉴》的筹办可以说是马克思的首次创业。最早的发起人是阿·卢格，一位经验丰富的媒体人和政论家，1837年创办《哈雷年鉴》（后改名《德法年鉴》），刊发了大量青年黑格尔派的文章。这吸引了马克思，马克思为其写了不少稿子。再加上马克思第一份工作是《莱茵报》编辑，作为媒体领域前辈的卢格自然成为马克思学习的对象。当然，优秀的马克思很快以才华征服了卢格，他们对普鲁士专制制度的批判一时让他们有点同路人的味道。于是，当1843年《莱茵报》被查封后，卢格便力邀马克思和他共同合办一份杂志，即《德法年鉴》，以共同表达他们的政治主张。

1843年10月，新婚的马克思带着已有4个月身孕的燕妮从克罗茨纳赫来到巴黎，与卢格开始着手《德法年鉴》的出版编辑工作。他们创业的地方在瓦诺街22号。旁边两层房子则是卢格邀请好友一起实验公社生活的地方。卢格设想的公社生活就是每个家庭拥有独立的生活空间，但是共用厨房和餐厅，妇女轮流承担家务。虽然马克思夫妇接受了这一邀请，但也仅仅持续了不到两周的时间便结束了。当时一开始就拒绝加入实验的海尔维格说明了其中缘由："卢格的妻子，一个小巧可爱、美好但毫无个性的撒克逊人，怎么能与有着极高智力，还比她有着更为远大抱负、更多学识的马克思夫人很好地相处呢？海尔维格夫人，这三个女人中最小的一个，刚刚结婚，怎么能过这种共同体的生活？"公社实验的失败仿佛已经预示了创业的失败，因为背后隐藏着深深的世界观分裂。

一开始卢格和马克思如所有的创业者一样，是充满激情和干劲的。这种激情和干劲可以暂时掩盖他们二人本质的不同，但随着困难的接踵而至，很快矛盾就会升级，分道扬镳也是意料之中的了。

创业首先面临的就是资金的问题。卢格本想在德国通过贷款解决，但希望十分渺茫。各种拉投资的努力失败后，卢格被迫承担了出版的所有资金。但卢格家境一般，这种支撑也是极为有限的。

创业面临的第二个问题就是约稿困难。好的撰稿人直接决定着期刊的发展。但显然，《德法年鉴》的筹备是不太顺利的，最后只剩下赫斯、恩格斯、巴枯宁、海尔维格等屈指可数的几个人。但好在，这些人能一个顶俩，甚至更多，撑起一个杂志也不是太困难。

创业面临的第三个困难就是出版地的困难。最早期望在斯特拉斯堡被拒，后来选择了布鲁塞尔不太适合，最后选择了巴黎。

钱、人、地的问题都解决了，一切准备就绪，只待出刊。

1844年2月是值得纪念的，《德法年鉴》第1、2期合刊在巴黎出版。但还没来得及高兴，更大的困难来了。普鲁士的政府明确禁止宣传共产主义思想，《德法年鉴》的文章显然过了边界，迅速被禁，已出版的杂志也被查封了。马克思、卢格等人还迎来了逮捕令。再加上这本期刊没有法国作者，自然在法国没有人关注，不喜欢共产主义的出版商弗吕贝尔见势不妙立马撤退了。这时候最深层的矛盾也浮了上来：卢格和马克思思想上的分歧日益尖锐。

卢格和马克思二人骨子里就根本不是一条道上的。卢格热衷的是人道主义，而不是共产主义。而此时马克思已经坚信只有共产主义才是正道。世界观的不同导致马克思和卢格的合作刚一开始就结束了。再加上财政问题的推波助澜，卢格拒付拖欠马克思的稿酬，只送给马克思几本《德法年鉴》。

创业不易，且思且行。寄托着卢格和马克思光荣梦想的《德法年鉴》只刊发了一期就结束了。第1、2期合刊既是首发，也是唯一的一期。对于这样一个早年夭折的不幸短命杂志，我们看到了世界上最遥远的距离就是世界观的不同。在马克思那里，政治上的分歧和个人之间的友谊是不能并存的。

虽然《德法年鉴》很短命，但是它见证了马克思和恩格斯的思想转变，留下了两个人的重要著作：马克思的《论犹太人问题》和《黑格尔法学批判导言》，恩格斯的《政治经济学批判大纲》和《英国状况》。马克思在《德法年鉴》撰稿人中发现了未来的好友弗里德里希·恩格斯——这位最年轻的作者，这为二人将来的友谊打下了坚实的基础。

一战成名的"天才大纲"

恩格斯在《德法年鉴》上发表的《政治经济学批判大纲》让他一战成名，作为科学社会主义的第一部经济学著作而载入史册，恩格斯晚年自己回想起来也颇为自豪。相信我们每个人小时候都背过《钢铁是怎样炼成的》中这段文字："一个人的生命是应该这样度过的：当他回首往事的时候，不因虚度年华而悔恨，也不因碌碌无为而羞耻。"40年后的1884年，那时恩格斯64岁，他回过头来看24岁的自己写下的这篇文章，如此评价：

"虽然我至今对自己的这第一本社会科学方面的著作还有点自豪，但是我清楚地知道，它现在已经完全陈旧了，不仅缺点很多，而且错误也很多。我担心，它引起的误解会比带来的好处多。"

正如恩格斯自己所言，这篇文章多年后回看，已经完全陈旧，缺点、错误不少，但仍值得自豪。这种自豪主要不在于它的理论观点，更多的于它的开创性。在英国体悟到经济是所有问题起点的恩格斯，认识到只有通过研究政治经济学，才能揭示资本主义社会的秘密。《政治经济学批判大纲》就是恩格斯站在无产阶级的立场迈出的第一步。

顾名思义，《政治经济学批判大纲》就是对政治经济学展开批判。恩格斯客观地评价了英国古典政治经济学的贡献与不足：如果说亚当·斯密的学说体现了人类历史和经济理论的空前进步的话，那么麦克库洛赫和穆勒的学说则代表了英国古典政治经济学这一伟大理论体系的衰落。衰落的根本原因在于这一体系的内容没有随着资本主义的发展而发展。当资本主义制度的矛盾日益凸显的时候，他们却置之不顾，仍停留在为私有制辩护的立场上。

在批判英国古典政治经济学的过程中，恩格斯具有决定意义的观点是发现了私有制和劳动之间的辩证关系。

当时，英国资本家和地主因为保护关税问题而争得不可开交。到底应该保护还是不保护关税呢？怎么看待资本家和地主之间的不同观点呢？

恩格斯认为两者半斤八两，谁都不比谁高尚。在剥削工人这一问题上，二者只是形式上的区分，没有实质性的差别。对于工人来讲，资本家和地主都是剥削者，而工人之所以深受他们剥削的根源在于因私有制而产生的土地和劳动的分离、资本和劳动的分离。一无所有的工人不得不出卖劳动力。资本家和地主都是在私有制基础之上的寄生虫、吸血鬼，无情压榨着工人的劳动。工业资本家和农业资本家的权力和财富都以掠夺和剥削工人为基础。资本主义私有制的存在决定了无产阶级如此悲惨的状况和地位。正是由于私有制的存在，无产阶级和资产阶级的矛盾和斗争是资本主义制度固有的矛盾。要从根本解决这一问题，只有靠消灭资本主义私有制。

因此，只有工人阶级联合起来搞共产主义革命才能拯救自身于水火。共产主义不再是空想的了！这一切都建立在对经济关系的分析基础之上。

这就是《政治经济学批判大纲》最重要的意义——此时恩格斯实现了一个重要转折：开始尝试用经济来解释社会生活。但此时恩格斯转向的唯物主义并非历史唯物主义。因为这个经济的内部究竟是什么，恩格斯和马克思还没有搞清楚，还不知道社会结构是什么，如何决定社会发展。

此时的恩格斯毕竟还年轻，还不能完全摆脱黑格尔主义的影响，但这丝毫不影响该文的历史地位。《政治经济学批判大纲》中闪烁着理论光辉的观点深深吸引着马克思。读到这些文章的马克思一拍大腿，惊呼道：太受启发了！恩格斯表达的这些观点不正与我研究法哲学后所得到的思想认识高度吻合吗？马克思盛赞这篇著作为"批判经济学范畴的天才大纲"，在早期著作《1844年经济学哲学手稿》和《资本论》中多次引用《政治经济学批判大纲》的观点。或许当时也只有马克思立刻且真正读懂了恩格斯文章中所包含的深刻革命意义。正是通过该文章，马克思放下了之前对恩格斯的偏见。《政治经济学批判大纲》还直接推动了马克思去研究政治经济学，对马克思产生了巨大影响。

恩格斯和马克思共同的好友梅林如此形容二人此时思想上的共鸣："他们的思想，一个浸浴着法国革命的光辉，另一个浸浴着英国工业的光辉……尽管色彩不同，他们的思想在本质上却是一样的"，"他们的思想的一致，达到了几乎连用语都不谋而合的地步。"

详尽的英国状况：思想的新起航

写完《政治经济学批判大纲》后，恩格斯没有自我陶醉，而是继续奋斗。在3个月内又写出了三篇文章：《英国状况——评托马斯·卡莱尔的〈过去和现在〉》《英国状况——十八世纪》《英国状况——英国宪法》。它们一起构成《英国状况》系列雄文。

《英国状况》和《政治经济学批判大纲》相互呼应地构成了对英国生活的相对完整的论述。《政治经济学批判大纲》着重论述了经济问题，而《英国状况》则是对政治和社会现象的深入分析。

恩格斯这些文章讨论的话题都是当时社会的热点。"英国状况"（the Condition of England Question）在当时是一个具有特定语境的固定表达，主要针对的是19世纪30年代末到40年代初英国的社会危机，是19世纪英国文学和社会批评中的一个十分重要的话题。继1825年英国第一次爆发经济危机10年之后，1836年，英国爆发了第二次经济危机，这次危机持续到1842年，最终导致《谷物法》被废除。这段历史改变了更多人的思维方式，其中就包括身在曼彻斯特的恩格斯。史学家哈里森如此形容这段时期："1837年，全国经济进入了萧条期，并一直延续到1842年。这6年是19世纪英国历史上最为凄惨的一段时期。工业发展陷入停顿，失业状况空前严重，食品价格居高不下，政府救济甚不得力，工人阶级处于饥寒与贫困之中。整个经济体系从未像此时这样濒临彻底崩溃。"面对如此的状况，年轻的恩格斯凭着敏锐的洞察力意识到了社会的问题，通过自己的观察和研究对这一现实问题发表了系列看法。

第一篇《英国状况》谈的是一部著作——托马斯·卡莱尔的《过去和现在》。托马斯·卡莱尔，维多利亚时代著名的政论人士。可能很多人对他比较陌生，但一说他贡献的金句，比如"没有长夜痛苦过的人，不足语人生""我们没有能力去阻止已经发生的事情，但我们却有能力去改变已经发生的事情对我们现在生活的影响。接受已经发生的，改变可以改变的""生命不息，奋斗不止"等，相信大家就熟悉了。没错，这些要么直接出自其口，要么就是经其翻译之后变得脍炙人口。在当时，作为历史学家的卡莱尔的浪漫主义表达方式和辛辣尖锐的批判产生了广泛的影响。今天纽约的上东区有一座不可忽视的时髦地标"The Carlyle"酒店就是为纪念他

（Thomas Carlyle）而命名的。多位社会名流都特别青睐这里，肯尼迪、尼克松和里根几位总统甚至将之亲切地称作"纽约的家"。

1843年，面对"英国状况"，托马斯·卡莱尔出版了一部重要著作《过去和现在》。这部著作的主题是谴责资本主义的金钱统治带来的灾难。前面谈到的"英国状况"的话题改变了很多人的思维方式，除恩格斯外，托马斯·卡莱尔也是其中一员。除此之外，还有卡莱尔的好友——"这是一个最好的时代，也是一个最坏的时代"的作者狄更斯。1843年1月28日卡莱尔在写给母亲的信中，特别悲愤地控诉看到身边有人饿死，有200万人没有工作，而统治者只顾打猎享乐，自己应该站出来说话了。面对经济危机带来的工人阶级状况日益恶化的现实，卡莱尔强烈地批判了资本主义的弊端，指出资本主义的发展给贵族和工人阶级都带来了巨大的伤害。看到有人如此不遗余力地批判资本主义，且文采飞扬，恩格斯迫不及待地找来一读，看完就写了《英国状况——评托马斯·卡莱尔的〈过去和现在〉》。

恩格斯毫不掩饰对托马斯·卡莱尔的赞赏，认为该书是1843年唯一值得一读的历史哲学著作，但可惜的是托马斯·卡莱尔是个唯心主义史学家，主张泛神论和"英雄崇拜"。虽然他批判很激进，但却是在承认资本主义制度合理性的前提下批判其弊病，并不主张通过革命来代替资本主义。恩格斯站在唯物主义和无神论的立场，自然不赞同此种认识，遂对此展开了批判，指出只有社会主义才是根本出路，才能解决资本主义的问题，而革命是社会主义的重要途径。事实上，发表在《德法年鉴》上的《英国状况》只有这一篇。如果《德法年鉴》不停刊，后续两篇应该会和该篇组成系列文章一起刊发，但很遗憾，停刊后两篇文章都被《前进报》收了。《英国状况——十八世纪》发表在1844年8月31日至9月11日的《前进报》，《英国状况——英国宪法》发表在1844年9月18日至10月19日的《前进报》。

第二篇《英国状况》，恩格斯也是选了个热点展开。在当时，"18世纪的历史"是个焦点话题。恩格斯的《英国状况——十八世纪》不仅聊18世纪英国的政治和哲学的发展,而且还把这种发展同英国的工业史和社会经济史联系起来一块聊。恩格斯重点聊了研究英国的工业革命的起因、结果以及它对社会的进步和对社会关系方面的深远影响,并指出"18世纪在英国引起的最重要的结果是:由于工业革命,产生了无产阶级。"

第三篇《英国状况》,恩格斯聚焦于英国的宪法。见识了诸多奇葩的案例后,恩格斯指出英国宪法并不是看上去那么美。"高大上"的宪法原则在实践中的离奇简直令人大跌眼镜。通过一则案例来体会一下:

1800年,有一个人被认定犯有伪造钞票的罪行,但却未受到惩罚。因为他的辩护人在判决宣告之前发现,在伪造的钞票上名字简写作"Bartw",而在起诉书上却写的是全名"Bartholomew",二者不符,不能据此认定被告有罪。听完申辩,法官认为,该申辩理由充足,于是就宣告了犯人无罪。

恩格斯看到这样的案例,一脸惊讶。这就是作为典范的英国宪法,怎么在具体实践中这么儿戏!于是,恩格斯火力全开,批判了英国的政治制度,揭露了英国宪法的虚伪性,剖析了资产阶级民主制的阶级本质及其局限性。

虽然发表在《德法年鉴》上只有一篇,被认为是恩格斯思想的新起航的标志,但《英国状况》三篇文章是一个整体,展现了恩格斯对英国状况的深刻洞察和研究。通过研究,恩格斯将深入英国工人阶级得出的大胆结论放置在了牢固的现实之基上:

产业革命从根本上改变了一切社会关系,这一发展由于私有制的原因而给广大无产阶级带来了无穷灾难。只有消灭资本主义所有制,才是解放人类的出路所在。能挑起此大任者,非无产阶级莫属。

无产阶级作为产业革命的直接产物和受害者,尽管看起来一无所有,却有着远大的前途,充满了生机和希望。无论是从数量上讲,还是从战斗力来看,无产阶级都是最强大的一个阶级。从人数上看,他们数量众多,且都聚集在现代工厂,具有组织性;从能力上说,他们从事工业生产,接触的都是最先进的生产力,拥有先进性,具有可塑性,容易接受科学。更关键的是,他们战斗力爆表。由于赤贫,承受着危机和失业,他们具有强大的革命性。所以,无产阶级是最进步、最有前途的。无产阶级只有解放全人类才能解放自己。人类解放的希望绝不在什么上帝的意志、国家的精神、爱的宗教,而是无产阶级。

这些观点的阐述表明恩格斯已经自觉地站到唯物主义和共产主义的立场上了,与曾经的唯心主义和革命民主主义彻底挥手再见。

第七章　与爱尔兰女工的爱情

爱情的本质是什么？是两个灵魂的相遇，是三观一致和携手并进的坚守。恩格斯在曼彻斯特与爱尔兰女工玛丽为我们诠释了什么是真正的爱情。

富家公子与贫民窟女工的相遇

没有爱情的青春是暗淡的。曼彻斯特的生活不仅让恩格斯对现实的世界有了认识的飞跃，也让他在情感的世界找到了归宿——玛丽·白恩士。1843年春，那一年恩格斯不到23岁，风度翩翩；玛丽20岁出头，热情奔放，两个年轻人在曼彻斯特相遇了。这不是一场电影里浪漫的邂逅，但也确实非同寻常，因为这是一个跨越阶级的相识、相交并相爱的相遇。

玛丽并非"白富美"，是标准的工人阶级，"欧门—恩格斯"纺织公司的一个普通女工，不拘小节。恩格斯，"欧门—恩格斯"纺织公司股东的儿子，典型的"高富帅"，闪耀着名门风采，穿戴考究，风度文雅。他们如何相遇的细节，当事人没有回忆，史书也没有记载，我们不得而知，但是他们的结局我们可以提前知晓。一般而言，童话里王子与灰姑娘的故事往往禁不起现实的重锤，那恩格斯与玛丽地位如此悬殊的爱情呢？恩格斯和玛丽以自己的坚定给出了答案，而时间证明了这个答案——跨越阶级的相爱有了牢固的基础后可以天长地久。

与恩格斯从小优越的生活相比，玛丽生活境遇复杂坎坷。她从小生活在曼彻斯特的爱尔兰区。这意味着什么？

首先意味着玛丽是实实在在的社会底层，来看看她从小生活的环境吧。

"往往是整家的爱尔兰人挤在一张床上睡觉；往往是一堆肮脏的麦秸和一条用旧麻袋做成的被单就当作全家共用的被褥。这种家庭里的每一个成员都由于贫穷、迟钝和放荡而堕落下去。调查人员常常在一幢只有两间屋子的房子里发现两家人；一间是大家睡觉的，另一间用作公共的饭厅和厨房；常常甚至是几家人住在一间潮湿的地下室里，在这种乌烟瘴气的空气里挤着12～16个人。除了诸如此类的传染病

玛丽·白恩士

来源，还要加上在屋子里养猪以及其他脏得令人作呕的事情。"

一个大资本家的儿子，眼前的世界显然超出了他的想象。恩格斯把这个曼彻斯特贫民窟中的悲惨世界称为"小爱尔兰"。然而，玛丽就是在这样的环境中如野玫瑰般奋力生长。

生活在"小爱尔兰"的玛丽是爱尔兰移民二代。爱尔兰与英国的爱恨纠葛到今天还在上演，当初的恩怨情仇可想而知。入侵、压迫、宗教矛盾，各种因素交织让历史上的爱尔兰和英国俨然成了世仇。被英国的殖民者剥夺了土地后，大量的爱尔兰人被迫背井离乡，流亡英国。来到英国，他们一无所有，只能沦为雇佣工人。"流亡"+"雇佣"，双重身份意味着他们跟普通工人还不一样，同时遭受着双重压迫——阶级压迫和民族压迫。哪里有压迫，哪里就有反抗，压迫越沉重，反抗越激烈。英国对爱尔兰的这种压迫不仅没有压垮爱尔兰人，反而进一步激发了爱尔兰人的革命精神，形成了他们独特的革命气质。

虽然玛丽并非"白富美"，而恩格斯是实在的"高富帅"，但他们的故事绝不是王子与灰姑娘的现实版，他们的相识、相交并相爱向我们诠释了什么叫真正的爱情。

她为什么吸引了恩格斯？

爱尔兰人的革命斗争精神遇上玛丽爽朗的性格，让这位22岁的女子散发着"野玫瑰"般的魅力，恩格斯被深深吸引。这种吸引不是来自一时的激情，而是志同道合的心灵契合。是玛丽帮助恩格斯真正跨越了作为资本家少爷与工人阶级之间的天然障碍。想想，一个西装革履的阔少爷（皱巴巴的衬衫、未经修饰的胡子、沾有尘土的皮鞋、弯弯曲曲的裤缝这些都是恩格斯的人生字典中所没有的）到贫民窟游荡会遭遇什么？夹道相迎，热

*
"小爱尔兰"居民生活状况

第七章　与爱尔兰女工的爱情　　**_081**

烈欢呼？那是不可能的。唯有第二种可能，狼狈地被偷被抢或被扔臭鸡蛋、烂菜叶子。如果没有玛丽作为护身符，恩格斯是很难真正深入工人阶级的。当然，玛丽被恩格斯吸引，也不是嫁入豪门的物质吸引，而是真正的情投意合。

在玛丽的帮助下，恩格斯得以深入到工人阶级生活的内部，了解工人生活中的许多详细细节。所以，恩格斯与玛丽的约会不是在充满小资情调的咖啡馆，不是在风光旖旎的异国他乡，不是在觥筹交错的酒会，而是在各种工人工作与生活的场所。玛丽带着恩格斯经常走访自己居住的"小爱尔兰"，深入调查工人住宅区的实际状况，一起走进工人集会的"共产主义大厅"，聆听工人们的演说，与工人们结交朋友。

有了玛丽的最强助力，恩格斯真正深入到了英国社会的深处，深刻体会到了工人阶级生活的苦，看到了当时世界工业中心这袭华美的外衣下的现实。遮羞布再也遮不住了，资产阶级的教养外表华丽，但里子已经烂透了。他们自私自利的道德和极其伪善的人道主义面孔让恩格斯从心底厌恶。

曼彻斯特40万人口，至少35万人口住在极端恶劣的环境条件下，过着非人的屈辱生活。恩格斯把他们住的地方叫"人间地狱"，而与之相对的则是资产阶级的豪宅。

"为什么资产阶级不帮助工人阶级？"这个问题萦绕于站在曼彻斯特爱尔兰区的恩格斯心头。百思不得其解的他，终于有一次忍不住向资产阶级寻求答案。"有一次我和一个资产者在曼彻斯特街上走，和他谈到工人区的恶劣的不合卫生的建筑体系，谈到这些地区的可怕的居住条件，我说我还没看到过比曼彻斯特建筑更坏的城市。他静静地听完这一切，在走到拐角上和我告别的时候，他说"and yet, there is a great deal of money made here（但是在这里到底可以赚很多钱）。再见，先生！"简单的回答，道出了资产者的冷酷，也彻底击碎了恩格斯心中的幻想。

工人如何生活，资产者根本不关心，他们最关心的就是多赚钱。金钱是资产者衡量一切生活关系的最高标准和他们行为处事的根本道德准则。恩格斯写道："有一次我听到一个厂主问监工：'某某人还没有回来吗？'——'还没有。''她生了多久？''一个星期。''那她早就该回来了，别人在家里只住了3天。'"在资产者的眼中，只关心钱，并不关心这些工人如何。

好一个资产阶级的道德！这让恩格斯从心底感到愤慨与憎恨，同时也得出一个结论：资产阶级是暮气沉沉的、异常枯燥的。恩格斯曾如此讽刺他们："不妨你就到有教养的英国人那里去一下，说你是宪章派或民主派，他们一定会怀疑你的神经是否正常，接着会避开你。或者你试验一下，对他们说你不信基督教，那你就会被出卖掉；或者你公开声明你是无神论者，那他们第二天就会装作不认识你。即使独立自主的英国人真的开始独立思考（这对他来说是很少的事），抛掉从娘胎里带来的那种偏见的枷锁，他也还是没有勇气说出自己的信念，还是要装成一个至少可以令人容忍的见解的追随者出现在人们面前，而且假如偶尔他能私下和志同道合的人推心置腹地谈一谈，那他也就心满意足了。"

资产阶级如此贪得无厌和利欲熏心，践踏了恩格斯的人道主义理想，恩格斯不可能指望他们来实现这一理想，也不可能被他们所吸引。

与资产者的虚伪嘴脸相比，工人阶级却不一样。什么是真正的教养？绝非仅是华丽的辞藻、优雅的举止、得体的着装，而是源自生命的热情、坚忍不拔的意志与勇敢的斗争品质。通过工人阶级，恩格斯看到了被粗布掩盖的真正教养。

工人阶级的热情、意志与勇敢的斗争为恩格斯年轻的生命树立了榜样。恩格斯不吝美言赞赏他们有勇气、爱斗争、坚贞不屈、不怕牺牲。在工人阶级身上有一种刚毅而人道主义的人类精神，他们同情每一个为人类的进步而真诚地献出自己力量的人，不会戴上自私的眼镜来看待一切。他们可以为了社会进步的胜利时刻准备献出"财产和生命"。

令人惊叹的是工人阶级中藏龙卧虎。一些衣衫褴褛的工人可能是"扫地神僧"。在工人集会中，恩格斯发现他们读卢梭、读霍尔巴赫、读伏尔泰、读倍恩、读雪莱、读拜伦、读施特劳斯……他们谈政治、谈宗教、谈社会……他们还研究地质学、天文学以及其他学科，总之重视和热爱科学。恩格斯回忆道：常常"碰到一些穿着褴褛不堪的粗布夹克的工人，他们显示出自己对地质学、天文学以及其他学科的知识比某些有教养的德国资产者还要多。"所以，工人阶级绝非是所谓的"肮脏人群"，他们并不是一群必须用鞭子才能使其有理性的、没有文化的野蛮人，也不是一个缺乏历史主动性和力量的无产者和赤贫者阶级，而是人类尊严的真正代表。

资产阶级代表着罪恶，代表着腐朽，代表着死亡；工人阶级代表着善良，代表着希望，代表着新生。"只有大路上不熟悉的那一部分美国人，只有工人、英国的贱民、穷人，才是真正值得尊敬的人，尽管他们粗野，道德败坏。将来拯救英国的却正是他们，他们还是可塑性的材料；他们没有受过教育，但他们也没有偏见，他们还有力量从事伟大的民族事业，他们还有前途。"

工人阶级身上体现的才是真正的人道主义，真正的革命和科学的品质，真正的教养。这才是恩格斯所渴望的，而这一切玛丽身上都有。

贫困的家境和繁重的劳动不仅没有消解玛丽对生活的热情，反而更加激发出她的热情、毅力和勇敢，使得这些品质更加醇厚，散发着迷人的气息。23岁的恩格斯就是这样被这位爱尔兰女工给俘获了。

吸引是相互的。在玛丽他们身上令人尊敬的地方是青年恩格斯所追寻的；同样，恩格斯身上那种卸下资产阶级虚伪面具的真正人道主义，对工人阶级的真正尊重与关心，也赢得了爱尔兰女工的芳心。这种俘获与赢得无关乎物质，无关乎颜值，是两个自由灵魂之间的相互吸引，是两颗心灵的共同飞翔。

恩格斯的爱情与毕生事业融合在一起。因为爱情，恩格斯的事业更加坚定；因为事业，恩格斯的爱情更加牢固，跨越了阶级，历经了时间。或许正是有玛丽的陪伴，让恩格斯在曼彻斯特更有动力断然抛弃社交活动和宴会，抛弃资产阶级的葡萄牙红酒和香槟，把自己的空闲时间几乎都用来和普通工人的交往。

恩格斯教会我们的爱情

恩格斯和玛丽的故事放到今天仍然是狗仔队们争相追逐的重磅花边新闻——"富家公子与贫家女"，何况回到19世纪40年代。他们的爱情得到的定然不是祝福，而是质疑与激烈的反对。一开始，不了解恩格斯的工人阶级给恩格斯贴上了"纨绔子弟"的标签，认为只不过是图新鲜，而恩格斯的家里更是不能容忍这种跨越阶级的恋情。

面对现实是妥协还是抗争？

恩格斯与玛丽选择了最离经叛道的方式：他们没有去当局的婚姻登记部门领结婚证，也没有去教堂举行婚礼。恩格斯晚年回忆道："根据我自己家里的经验，我知道，父母很难（有时甚至不可能）公正地对待违背他们的意愿而进入家门的女婿或媳妇。不管父母怎样相信自己的意图是最好的，但这些最好的意图多半只会造成家庭新成员的痛苦。"恩格斯不愿那个心爱的热情似火的玛丽遭受此种痛苦。

现实的原因固然有，但这不是最重要的原因，最重要的在于他们要用实际的行动践行自己对旧世界的不满。对于他们来讲，在共同理想的滋养下一同并肩战斗比什么都重要，形式的就留给形式好了。当然，这是那群曼彻斯特的庸人们所无法理解的。恩格斯也不需要他们的理解，只要朋友们能够理解就足够了。

1844年，恩格斯与玛丽在布鲁塞尔结为伉俪。在恩格斯看来，与工人出身的玛丽在一起，不但可以享受安宁的家庭生活，摆脱虚伪的社交纷扰，而且可以为共同的志趣和人生目标并肩奋斗。后来，当恩格斯再次回到曼彻斯特，过着长达20年的双重生活时，曼彻斯特海德路252号，是当时恩格斯作为"埃及的幽囚"时期最为放松的地方。

相比为了资产阶级体面在市中心租的大房子来讲，恩格斯更为钟情海德路252号这所位于城郊的小房子。在这里，恩格斯不仅可以摆脱商业事务和社会应酬，获得身心放松，而且可以见到心爱的玛丽，可以在玛丽的帮助下会见朋友，从事社会主义事业的联系和写作活动。恩格斯和玛丽就这样相依相伴度过了一生，既是忠实的生活伴侣，又是亲密无间的战友。

当1863年1月7日，死神带走玛丽后，恩格斯无比悲恸，致信马克思："我无法向你说出我现在的心情。这个可怜的姑娘是以她的整个心灵爱着我的。"玛丽点燃了恩格斯的青春，见证着帮助着恩格斯的青春，她的离去让恩格斯感到："同一个女人在一起生活了这样久，她的死不能不使我深为悲恸。我感到，我仅余的一点青春已经同她一起埋葬掉了。"自此以后，海德路252号那个承载了无数美好的地方成为恩格斯心中最不愿触及的敏感地带，只能封存在记忆中。

爱情的标准从来不应是颜值，不应是物质，而是三观。爱情长久最重要的秘诀就是两个人三观一致，一同望向同一个远方。恐怕这就是恩格斯教会我们的爱情。恩格斯和玛丽的爱情就是这种比肩站立、风雨同舟的深刻灵魂契合。共同的理想和追求让他们跨越了出身和地位的鸿沟走到了一起，为我们诠释了爱情的本质。

第八章　与马克思一道创立唯物史观

说起恩格斯，大家一定会想到马克思。借用今天的话来讲，如果要选最强组合，可能非他们莫属。世界上有一种友谊就叫"马克思和恩格斯"，那这对最强组合是如何养成的呢？

误会重重的初次见面

最强组合首次见面并不是什么一见如故，而是十分冷淡。恩格斯在1842年去曼彻斯特的途中带着满心欢喜顺道拜访了《莱茵报》的编辑部，期望可以和这位"特里尔之子"有所共鸣。可惜，马克思十分冷淡地接待了他。

马克思为何会冷淡地对待恩格斯的热情，是因为恩格斯有钱，马克思仇富吗？当然不是。马克思选择朋友很纯粹，三观一致。这中间一定有着某种误会。误会来自青年黑格尔派。1842年10月，马克思成为《莱茵报》主编，他主张应关注现实政治斗争，而不是耽溺于主观主义和思辨主义的清谈之中，这与青年黑格尔派产生了尖锐的矛盾。

此时可怜的恩格斯从柏林服完兵役之后回到家乡，基本都在充电读书，并为远赴英国做准备，很少关注外界的变化，并不知道马克思与青年黑格尔派之间的思想分歧，而且还与以鲍威尔兄弟为首的"自由人团体"保持着联系。马克思看不上这个团体，连带着对恩格斯也不待见，觉得道不同不相为谋。当然，恩格斯对马克思也不是那么感兴趣，受鲍威尔兄弟的影响，他对马克思也有点成见。这导致了首次会面很冷淡。不知道是不是当时要吸引志同道合的撰稿人太困难的缘故，马克思居然礼貌地邀请恩格斯为《莱茵报》撰稿，因为这些稿件，二人之间的关系将很快发生变化。

来到英国的恩格斯，手速极快地撰写了系列文章《英国对国内危机的看法》《国内危机》《各个政党的立场》《英国工人阶级状况》《谷物法》这5篇文章，发表在12月9日、10日、24日、25日、27日的《莱茵报》上。这些文章都体现了恩格斯思想与青年黑格尔派的不同，极大程度地改变了马克思对于恩格斯的刻板印象，思想上拉近了两个人的距离，颇有点神交的意味。后来《德法年鉴》同时刊登的文章，让马克思对恩格斯有了更加深入的了解。在《1844年经济学哲学手稿》中马克思对《政治经济学批判大纲》十分赞赏，引用了这篇文章。他们的友谊此时只是差再见一面而已。

相见恨晚的第二次会面

恩格斯和马克思的友谊始于1844年。1844年8月28日至9月初，恩格斯从曼彻斯特返回德国，途中在巴黎逗留10天，拜访了马克思，从此开始了与马克思的合作和友谊。

10天可以干什么？刷一部剧，看两本书，旅游一趟……也许对很多人来说10天就是一挥而过，并无多大意义，但对恩格斯来讲，他生命中有个10天特别重要。

恩格斯与马克思的第二次会面，他们一共待了10天，深聊了10天。

一见如新，再见恨晚。他们朝夕相处，有聊不完的天，有说不完的话。马克思把自己在巴黎的战友、朋友介绍给恩格斯；一起参加社会主义者和共产主义者的各种聚会；一起与法国工人交谈，了解工人们的生活状况和运动状况；他们同各国工人运动活动家和政治流亡者建立联系。

历史开始把马克思与恩格斯牢牢绑在共同创立科学社会主义理论的伟大进程之中。恩格斯说道："我们在理论领域的完全一致是很明显的，我们共同的工作从此开始了。"志同才能道合，道同才能相谋。两人一拍即合，相见恨晚，彻聊了10天。

这10天让恩格斯有种重获新生的感觉。马克思和恩格斯通信的第一封信中，恩格斯如此回忆："我还从来没有一次像在你家里度过的10天那样感到心情愉快，感到自己真正是人。"

历史上把这次会面视为两人毕生友谊的开端。此次会面后，二人开始

第八章　与马克思一道创立唯物史观　_091

*
马克思与恩格斯在一起讨论

为解放无产阶级和劳动人民而并肩战斗。友谊的开始本身并不能成为传奇，而是由此开始的友谊持续了40年，至死不渝，才铸造了传奇。虽然马克思和恩格斯性格迥异，有着不同的生活习惯，写作风格和关注的具体领域也有所差异，但这些只能证明他们是活生生的两个人，并不影响他们伟大的友谊。他们的友谊基石是共同的理论主张、共同的信仰、共同的立场而坚不可摧。对此，列宁评价道："古老的传说中有各种非常动人的友谊的故事。欧洲无产阶级可以说，它的科学是由两位学者和战士创造的，他们的关系超过了古人关于人类友谊的一切最动人的传说。"

历史性会面，这个重要历史时刻的时光印记留在了位于巴黎一区的雷让斯咖啡馆。今天的雷让斯咖啡馆地处一区圣奥诺雷街167号，与巴黎皇家宫殿和卢浮宫毗邻，然而167号并不是当年马克思与恩格斯见面的雷让斯咖啡馆，而是于2016年建成并开张的同名咖啡馆。历史上的雷让斯咖啡馆位于圣奥诺雷街161号，于1681年建成，是巴黎最早的咖啡馆之一。马克思和恩格斯重要的巴黎相会就是在161号。所幸的是，新雷让斯咖啡馆中保留了旧地的历史传统和印记。

伟大友谊的首秀：《神圣家族》

恩格斯和马克思伟大友谊的首个成果是合作《神圣家族》。在《神圣家族》的创作过程中，可以一窥恩格斯和马克思二人的不同。恩格斯在巴黎逗留的10天就完成了他所负责的7篇文章的写作任务，大约15页，按时交稿。马克思则文思泉涌，挡也挡不住，一不小心就扩成了20个印张，足足有300页，远超当初的"小册子"计划，自然战线也拉很长，直到1844年11月底才完全完稿。如此的写作比例，马克思却在出版时把恩格斯放在了第一作者的位置。1845年2月，《神圣家族》在法兰克福首次以单行本出版，作者为"恩格斯 马克思"。小小的举动，大大的友谊。

第一次合作，谁这么"荣幸"能够成为马克思和恩格斯的靶子呢？

从哪里误会，就从哪里开始，历史就是这样充满戏剧性。马克思因为青年黑格尔派误会了恩格斯，导致他们首次会面擦肩而过，而第二次会面他们决定一起首批的就是青年黑格尔派。

恩格斯和马克思实在看不惯鲍威尔兄弟傲慢的样子，决定跟他们理论一下，于是就有了这本《神圣家族》。

《神圣家族》书名全称很长——《神圣家族，或对批判的批判所做的批判。驳布鲁诺·鲍威尔及其伙伴》。"对批判的批判所做的批判"，是不是感觉到很晕？没错，就是如此。除此之外还有《贫困的哲学》与《哲学的贫困》等，他们的标题就是这么"带感"。

什么是"批判的批判"？指的是鲍威尔兄弟等在《文学总汇报》杂志所发表的号称"批判的批判"的系列文章。《文学总汇报》是鲍威尔兄弟及其追随者于1843年12月创办的。他们以自我意识为基础，大肆鼓吹主观唯心主义。

青年黑格尔派认为观念、思想、概念统治着世界，因而改造世界只需要同这些观念作斗争即可。所以，他们宣称，要推动社会历史的进步与发展，唯一的积极因素就是他们所提倡的作为"批判的批判"的理论活动。这实质上耽于宗教、哲学批判，甚至连走到政治批判都胆战心惊，不断往后退。他们这种软弱的咩咩叫声在德国公众中获得了不少青睐，以为他们是狼，是可以改变现实的狼。当然，青年黑格尔派也是如此自我感觉的，高呼要搞"批判的批判"。

谁能从事"批判的批判"的理论活动呢？当然不是工人，不是你我等平民，而是以他们为代表的理论活动家。所以，鲍威尔他们本质上是唯心主义的，是脱离群众的。群众在他们眼里是非批判的，甚至是消极的、无

马克思与恩格斯在一起做研究

所作为的"群氓"。

这种夸夸其谈的绵羊式的退缩和傲慢的姿态，马克思和恩格斯怎么可能接受和容忍呢。马克思很早就动了清算他们的心思，此次与恩格斯的会面交谈，两人一拍即合，决定批判这种天真幼稚的空想。因此，"对批判的批判所做的批判"主旨就是清算鲍威尔及其同伙的"批判的批判"的思辨唯心主义。在出版的时候，马克思借用意大利一位著名画家安得列阿·曼泰尼雅的一幅画作"神圣家族"来形容他们，以讽喻他们在群众面前妄自尊大、自以为是且不屑争辩，好像凌驾于尘世之上的耶稣及其门徒一样。这就是我们今天所读到的《神圣家族》。

恩格斯和马克思在书中指出，历史的发源地不在天上，而在尘世间，指明历史的主体是无产阶级。这比之前的观点更加明确了物质生产对于历史发展的决定性作用，而且进一步阐明了无产阶级的历史地位和历史使命。恩格斯讽刺《文学总汇报》："它是一个老太婆，而且将来仍然是一个老太婆，它是年老色衰、孀居无靠的黑格尔哲学。这个哲学涂脂抹粉，把她那干瘪得令人厌恶的抽象的身体打扮起来，在德国各个角落如饥似渴地物色求婚者。"你看，恩格斯讽刺起人来绝不留情。其实，很多人觉得只是"青铜"的鲍威尔兄弟，根本不值得"王者"的恩格斯和马克思如此大费笔墨。

《神圣家族》是他们清理思想地基迈出的重要一步，接下来他们还有大动作。不过，恩格斯已经离开家乡太久，他必须得回家了。等他们再次见面的时候，就是另一部重要著作的问世。

在家乡的战斗

告别马克思，恩格斯1844年9月回到阔别已久的家乡。此时的故乡已不再是离开时的故乡，那个青年也不再是当初离开的模样。他们都在时代的洪流中发生了重要变化。当被英国工业革命光辉照耀过的这位 24 岁青年遇上处于历史转折点的家乡，注定要有一段故事。

1844 年 6 月，西里西亚纺织工人起义擂响了反抗资本主义的战鼓，工人阶级解放运动在德国逐渐扩展，共产主义之风吹动了这个实践上落后于英国发展的国度。一踏上德国，恩格斯就嗅到了变革的气息。他在科隆停留了 3 天，经过杜塞尔多夫，然后回到伍珀塔尔。

一路上，恩格斯对家乡的物质和精神的变化感到震惊。在工业进步的强大引擎推动下，城市发展迅速，不仅有了拔地而起的高楼、烟囱林立的工厂，而且共产主义的种子已经播撒。恩格斯感慨："自从我离开以后，伍珀塔尔在各方面的进步比最近 50 年都要大。"

这一切是令人惊喜的，但仍然是不够的。

此时德国的工人们反抗意识已经觉醒，最简单的方式就是用工人暴力、抢劫杀人等犯罪活动表达对现存制度的不满，稍微高级一点的就是捣毁机器、焚烧账簿。所以，当时的有钱人不敢晚上到街上多动。

看到这一切，见过了高级形式的工人阶级斗争的恩格斯认为，德国此时工人阶级的解放运动还处在开始阶段，工人们只会采取捣毁机器等简单粗暴的反抗形式，还不懂得谁是真正的敌人，不懂得不是这些机器夺走了他们的饭碗，而资本主义生产关系才应该是真正的反抗对象。

工人阶级要获得解放，必须要联合起来。"如果这里的无产者按照英国无产者那样的规律发展下去，那他们不久就会明白，用这种方式，即作为个人和以暴力来反对旧社会制度是没有用的，要作为具有普遍品质的人通过共产主义来反对它。如果把道路指给他们该多好！"

刚从曼彻斯特回来的恩格斯急于要把在英国获得的深刻体验分享给家乡的人，一刻也没歇着，实践与笔头双管齐下为工人"指明道路"。

恩格斯作为共产主义者积极参与到伍珀塔尔的反对派反对普鲁士的抗

争中。1845 年 2 月 8 日、2 月 15 日、2 月 22 日，恩格斯联络社会主义者莫泽斯·赫斯、古斯达夫·克特根等人，连续组织了三次周末集会。恩格斯在集会上慷慨激昂地向大家论述了共产主义制度的现实性和优越性，指出德国革命不可避免。这些观点引发了热烈讨论，但也引来了政府当局的特殊关照，集会不得不停止。

不是所有的播种马上就能开花结果，但是种子一旦撒下，总有一天会迎来收获。

恩格斯的这些集会战斗不会马上将工人阶级斗争带领到更高级的发展阶段，但传播了共产主义的思想，悄然影响着甚至改变着人们的观点。对于这一段，恩格斯特别自豪：那些参加了辩论会但是根本不了解我们的观点或者甚至对它抱嘲讽态度的人，大多数都对共产主义怀着尊敬的心情回家。这种尊敬部分地也是由于我们这一群人在会上显得很有身份而引起的，因为该市所有的名门富家几乎都有自己家里的人或亲戚出席，和共产主义者同坐在一个大餐桌上。

总而言之，这几次集会对整个工业区的舆论所引起的影响确实是惊人的："几天以后就有人向那些发言赞成我们的事业的人索取书报，以便从中了解整个共产主义的制度。"恩格斯用自己的实际行动对"批判的批判"进行了批判：

"站在真正的活生生的人面前，直接地、具体地、公开地进行宣传，比起随意写一些令人讨厌的抽象文章，用自己'精神的眼睛'看着同样抽象的公众，是完全不同的两回事。"

恩格斯的这些"疯狂"行为，当然让老恩格斯暴跳如雷。去英国没有改造成功，反而让恩格斯更加大胆了。这个时候老父亲的懊恼、愤怒可想而知，尤其儿子现在还是共产主义者。他的资产阶级狂热加上宗教狂热，让"家"变成了最恐怖的字眼，使恩格斯感到无法呼吸。老恩格斯下了最后通牒——必须要断绝与共产主义的来往，老老实实去做工厂主。恩格斯痛苦地跟马克思倾诉：鬼知道我经历了什么！

"告诉你，我现在过的完全是不堪忍受的生活""这些人已无可救药，他们简直是甘愿用他们对地狱的幻想来折磨和虐待自己，在这种情况下哪怕是一点点公正的原则都跟他们讲不通了。"

加油，无产阶级！

不在崩溃中坚强，就在崩溃中继续崩溃。在家庭的压力下，好在有书可以写，恩格斯没有崩溃。他坚持《英国工人阶级状况》的创作。回到伍珀塔尔的这段时间，恩格斯理论上最大的理论成就就是撰写《英国工人阶级状况》。

房门一关，书桌就是恩格斯的战场。"如果我不是每天要把英国社会中最可怕的事情写进我的书里，我想我也许会有些颓唐起来，而这件事至少是把我的愤怒保持在沸腾状态。"家里氛围虽然令人难以忍受，但毕竟也是好吃好喝伺候着。恩格斯在这种"支持"下，关上房门整理了他从英国收集的各种资料，耗时半年，于 1845 年 3 月 15 日完稿，同年 5 月底该书正式出版。

如果研究工人运动有什么必读书目的话，《英国工人阶级状况》肯定位居第一。如果要学习一篇好的调查报告怎么写，这本书也是范本。

《英国工人阶级状况》主要讲了什么？用恩格斯的话讲，该书"从第一页到最后一页，就是对英国资产阶级的起诉书。"在此书中，恩格斯总结了他经历的一切和思考的一切，通过分析产业革命所引发的社会革命，不仅揭示了生产力在社会发展中的巨大作用，描绘了资本主义的现状，而且向工人阶级清晰地揭示了他们的命运是什么。

英国工人阶级状况，究竟是一种什么状况呢？在书中，恩格斯给我们详细描绘了他们的生活状况、教育状况、劳动状况。前文已有所涉及，具体状况不在此赘述，反正相信读罢之后定有一句话涌上心头："长太息以掩涕兮，哀民生之多艰。"以至于恩格斯如此悲愤地控诉道："如果想知道，一个人在不得已的时候有多么小的一点空间就够他活动，有多少的一点空气（而这是什么样的空气啊！）就够他呼吸，有什么起码的设备就能生存下去，那只要到曼彻斯特去看看就够了！"

《英国工人阶级状况》不仅告诉我们工人阶级状况是什么，而且还为我们分析了为什么和怎么办。

为何工人阶级会遭受如此悲惨的命运呢？是因为工人懒惰、蠢笨吗？这是一个严肃且根本的问题。

资产阶级回答说：工人阶级穷，活该！那是因为他们懒，他们蠢。何况我又没有强迫过工人阶级，这一切都是他们自愿的，他们自由选择的结果。

真的是如此吗？今天估计很多人还是这么认识。

面对如此"黑"工人阶级，恩格斯字字铿锵地回敬道：各位醒醒吧，这真是工人自己选择的吗？看似工人要不要出卖劳动力，出卖给谁，卖多少钱，这是一个工人阶级可以自己决定的事，但事实上，工人阶级根本没有任何选择。不出卖劳动力，一无所有的工人阶级将饿死街头，所以他们必须出卖劳动力来换取维持身体存活下去的必需品。至于出卖给谁，卖多少价格，无产阶级也没有任何议价和选择的空间。大量的无产阶级需要竞争上岗，太挑剔了只能沦为失业大军中的一员。所以，无产阶级过着朝不保夕悲惨生活的根源不在别处，在于这个社会制度，在于资本主义私有制。工人阶级一无所有，他们只有一种选择——不得不出卖劳动力，接受资本家的剥削。请问，只有一种选择的自由还能美其名曰自由吗？别虚伪了，这只是资本的自由，工人阶级别无选择。

怎么办？请给工人阶级指一条明路和正道。这条路就是：改变资本主义的经济关系，无产阶级才能真正获得解放。如何改变呢？谁来改变呢？恩格斯总结了工人阶级反抗的各个发展阶段，指出最早、最原始的形式是犯罪，更高级一点的形式是砸机器、毁厂房，然而这些并没有什么太大的用处。工人要获得彻底解放，必须联合起来。组成工会联合起来后，仅仅搞提高工资的经济斗争是不能真正改变自身的命运的，必须要夺取政权，搞以消灭资本主义私有制为目的的共产主义革命。只有工人阶级自己能解放自己，不要期盼有什么救世主。只能靠无产阶级自己！"对宫廷宣战！给茅屋和平！"

如果给《英国工人阶级状况》一书的核心思想绘个思维导图，那就是：

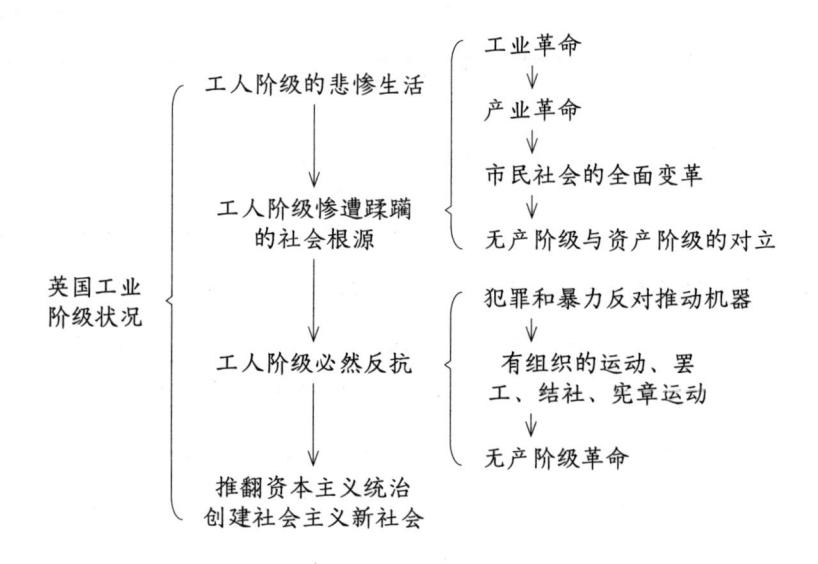

英国工业阶级状况
- 工人阶级的悲惨生活
  - 工业革命 → 产业革命 → 市民社会的全面变革 → 无产阶级与资产阶级的对立
- 工人阶级惨遭蹂躏的社会根源
- 工人阶级必然反抗
  - 犯罪和暴力反对推动机器 → 有组织的运动、罢工、结社、宪章运动 → 无产阶级革命
- 推翻资本主义统治，创建社会主义新社会

该书所获得的第一笔稿费成为恩格斯资助马克思的第一笔支出。1845年1月25日，在普鲁士政府的强烈要求下，马克思被巴黎当局内务大臣基佐下令驱逐出境，于1845年2月初移居比利时首都布鲁塞尔。《德法年鉴》

创业失败，漂泊不定的生活要为肚子的需要发愁。听闻好友的困难，恩格斯二话不说立马找人募捐，共 120 法郎，加上《英国工人阶级状况》第一批稿酬 100 塔勒，全部寄给了马克思，帮助马克思渡过了此次生活的劫难，虽然以后的劫难会接踵而至。

很快，恩格斯和马克思就要并肩战斗了。"双 si（思与斯）"合璧，谁与争锋！一段 5 年并肩的峥嵘岁月即将开启。

两条路的汇合：唯物史观的诞生

1845 年 4 月，恩格斯在马克思被迫迁往布鲁塞尔两个月后也移居到了布鲁塞尔。此时的恩格斯终于再次逃离家庭，而且更重要的是可以与马克思携手跨马行天下仗剑走天涯了！

来到布鲁塞尔，两位旋即商讨了下一步的研究计划：既然经济因素是决定性的，那么我们就必须要弄清现实的经济问题。弄清这个问题就需要去英国，那里有最先进的生产关系，最发达的工业体系。于是，二人于 1845 年 7 月中旬踏上了考察英国之路，在那里待了一个多月。在这期间，恩格斯主要带着马克思在曼彻斯特泡图书馆，畅游知识的海洋。8 月下旬，他们从伦敦返回布鲁塞尔。

回来之后，他们开始了第二部重要著作——《德意志意识形态》的合作。1845 年 11 月，马克思、恩格斯正式动笔写《德意志意识形态》。从 1845 年 11 月到 1846 年 5 月，差不多 6 个月的时间，基本完成了《德意志意识形态》多达 50 印张的初稿。

写作已经很辛苦了，恩格斯和马克思写作之余还得操心出版的事情。与写作相比，出版显然更为困难。在当时看来，《德意志意识形态》既没有成为畅销书的潜质，再加上出版商个人喜好、观点的影响和德国书报检查制度的干扰，如何出版此书一事一直悬而未决，没有人愿意接这活儿。本来威斯特伐利亚一个出版社很有希望，但最终还是落空了，这让马恩二人顿时失去了继续码字、统稿的动力，只给我们留下了初稿。后来马克思还自我安慰说："既然我们已经达到了我们的主要目的——自己弄清问题，我们就情愿让原稿留给老鼠的牙齿去批判了。"

此书稿最终未能出版是令人遗憾的，因为《德意志意识形态》是马克思和恩格斯一同创立唯物史观的见证。好在老鼠齿下留情，还给我们留了些原稿，让我们得以一窥这两位伟人是如何改写历史的。

因为未出版，所以全书当时并没有一个总标题，现在我们所看到的书名《德意志意识形态》是马克思后来在一篇声明中对这部著作所用的称呼。该书全名为《德意志意识形态。对费尔巴哈、布·鲍威尔和施蒂纳所代表的现代德国哲学以及各式各样先知所代表的德国社会主义的批判》。这次没有了"对批判的批判所做的批判"似的绕口令标题，却来个让人舌头发颤、呼吸急促的超长标题！

俗话说不破不立，破而后立，大破大立。恩格斯和马克思总是在批判中表达自己的新见解。《德意志意识形态》就是恩格斯和马克思通过批判费尔巴哈、鲍威尔和施蒂纳的唯心主义历史观，首次系统地阐释了新的历史观——唯物史观。

在当时的理论江湖中，"真正的"社会主义（"德国的社会主义"）赢得了无数信徒，有着广大的地盘。该派掌舵的有卡尔·格律恩、莫泽斯·赫斯、海尔曼·皮特曼、海尔曼·泽米希、鲁道夫·马特伊等。这种"真正的"社会主义本质上是拼接货，是法国社会主义与德国费尔巴哈爱的宗教结合在一起的产物。他们的主张用一句概括就是"微尘众爱凝相聚，齐举真情笑春风"。社会主义的实现靠的不是无产阶级革命斗争，而是唤醒埋藏在人类心灵深处的爱。如此充满爱的鸡汤，可以瞬间感化吸引不少人。

此时的费尔巴哈也以共产主义者身份活动，而马克思和恩格斯不久前在《神圣家族》还对费尔巴哈赞誉有加，导致很多人认为恩格斯和马克思是费尔巴哈的人本主义的追随者。

除此之外，此时青年黑格尔派也不消停。虽然恩格斯和马克思在《神圣家族》中就审判了他们，宣布了对他们的"死刑判决"，但他们并不甘心。1844年底，施蒂纳出版了《唯一者及其所有物》，在主观唯心主义的基础上大肆鼓吹个人主义和利己主义。1845年秋，鲍威尔和施蒂纳在《维干德》第三期上发表了多篇文章围剿马克思和恩格斯。

面对此种混乱不堪的局面，马克思和恩格斯决定重整江湖，竖起唯物史观的大旗，厘清社会主义轮廓。

搞清什么是唯物史观，必须弄懂它反对的史观，即唯心史观。在唯心史观的江湖中，主要分为客观唯心主义和主观唯心主义两大门派。

主观唯心主义认为人自身是根本，笛卡尔的"我思故我在"就是最具代表性的。打个比方而言就是，我在，这个世界就在；我挂了，这个世界对我来说就不存在了。或者，我看到了花，花就在；我看不到花，这个花就不存在。宇宙与我共生死。而客观唯心主义则不再强调自己内心是法则，而是把法则归于自身之外的一个某种抽象物体，比如上帝或绝对精神这样的概念。

鲍威尔、施蒂纳的唯心主义面目很好辨认，都是很直接的唯心主义，最具迷惑性的是以费尔巴哈为代表的旧唯物主义。这是一种半截子主义的唯物主义，在自然观上是唯物主义的，在历史观上则陷入唯心主义。"当费尔巴哈是一个唯物主义者的时候，历史在他的视野之外；当他去探讨历史的时候，他不是一个唯物主义者，在他那里，唯物主义和历史是完全彼此脱离的。"

费尔巴哈的唯物主义是分裂的。1841年《基督教的本质》的出版帮费尔巴哈在当时的思想界赢得了一席王座。

书中，费尔巴哈讲，这个世界哪有什么上帝，上帝不过是人在失意、痛苦时瞎琢磨的产物，不过是为了寻找"依赖感"。当人们在现实世界得不到满足，把对现实世界中的祈求转嫁到幻想出来的至高无上者的祈求时，上帝就诞生了。事实上，除了自然界和人以外，这个世界上再无他物。一下子，宗教的世界在这惊世骇俗的语录前崩塌了，上帝必须要为自己的存在辩护了。这样，人从上帝之子变为了自然之子，自然观上唯心主义就被唯物主义代替了。

然而，这种唯物主义是不彻底的，一碰到"为何会产生宗教"这类问题时，立马就掉进了唯心主义。费尔巴哈说，宗教产生于人的依赖感，而人的依赖感的根源在于人的本性。如何看待人的本性，是历史观上唯物主义和唯心主义的旋转门。当从某种不变的情感或自然属性出发谈论人的本质时，就掉入了唯心主义的陷阱。只有认识到人的本质在于社会性时，才能逃离唯心主义充满魅惑的面相。可惜，费尔巴哈还是被这种不变的人性诱惑了，他批判了上帝的宗教，又创造了一个"爱"的宗教。这个宗教建立在"依赖感"和"利己主义"的原则上。

于是费尔巴哈站在宇宙中心呼唤爱："爱就是上帝本身，除了爱以外，就没有上帝。爱使人成为上帝，使上帝成为人。"

一见有人为社会开万灵丹，马克思和恩格斯就怒不可遏地怼回去：离开"现实的个人"谈历史就是要流氓。

人是什么样的人？虽然"食色性也"，人需要吃喝拉撒，但这绝非人的本质。如果人的本质只在于"饮食男女"，那我们跟动物又有何区别。然而，谈人的本质又不能离开这些自然属性。为了满足人的衣食住行这些需求，人必须要进行劳动，搞物质生产。在物质生产中，人们形成了各种关系，最基本的就是人与自然的关系和人与人的关系。前者我们叫"生产力",后者我们叫"生产关系",二者的矛盾运动就构成了历史的发展。因此,人的本质根本不是什么不变的爱,而是社会关系的总和。社会性规定了人的本质。生产力和生产关系不断发展,人的本质也是变化发展的。恩格斯和马克思谈论人的本质从人的现实需要出发,但又不停留于此层面。在这里他们真正展现了什么叫历史观上的唯物主义。

《德意志意识形态》没有顺利出版,稿费泡汤了,此时不仅马克思面临经济困难,恩格斯也没有实现写作自由。"断供"是家长对付叛逆孩子最有效的方式,家里资助的减少使得恩格斯也过得十分拮据,加上这时玛丽从英国来到了布鲁塞尔陪伴恩格斯。多了一个人,自然消费降级,恩格斯和玛丽不得不搬到房租比较低的圣居杜尔平原路 19 号"野林"旅馆里。马克思早已在那里"等"他。虽然生活不易,但马克思和恩格斯二人此时精神上是愉悦富足的。

从现实的个人,恩格斯和马克思解开了历史发展的内在秘密,为科学论证共产主义和无产阶级革命奠定了科学的基础。从此,二人对共产主义的目标感和使命感坚如磐石,如普罗米修斯盗火一样,献身人的解放这一伟大事业。

追求人的解放,历史的璀璨长河中不乏其人。但马克思主义与他们不同之处在于,人的解放不仅仅是一种价值诉求,也不仅仅是一种思想运动,它是一种历史性的现实社会运动。唯物史观就像一把利剑划破了笼罩在历史观上的唯心主义幕布,宣布只有在现实的世界中并使用现实的手段才能真正实现人的自由与解放。共产主义不再是乌托邦,而是基于资本主义矛盾发展的必然,是无产阶级为之奋斗的最高目标。

写作《德意志意识形态》期间,欧洲上空已经"山雨欲来风满楼,黑云压城城欲摧",革命形势蓄势待发,暴风雨就要来了!

恩格斯如何同马克思一道投身革命浪潮,我们拭目以待。

第九章　马克思主义的创始人

我们在任意一个搜索引擎里输入"马克思恩格斯",跳出来的信息里一定有一本鲜明的书——《共产党宣言》,这是马克思和恩格斯亲密无间合作的精华,也是无产阶级向整个旧世界发出的宣战书。《共产党宣言》的问世标志着影响至今且将继续影响未来的马克思主义的正式问世。恩格斯为什么被称为马克思主义的创始人?要回答这个问题我们需要回顾一下《共产党宣言》的"前世今生"。

建党，是必须要做的

历史的车轮滚动到 19 世纪 40 年代，在欧洲的很多地方，资产阶级民主革命已经如初露尖角的荷花开始酝酿绽放，但工人运动却显得沉寂——工人运动的组织散乱，社会主义思潮也没有和工人运动结合起来，反而是各种空想的、资产阶级的社会主义思潮在发挥影响力。比如，在英国，宪章派的领导层中有很大比例接受小资产阶级的民主思想；在德国，魏特林的空想社会主义和小资产阶级的"真正的"社会主义占据绝对主导地位。马克思和恩格斯在目睹这些怪现状，感到建立一个国际性的无产阶级政党是一个必须要做的工作，因为只有建立一个国际性的无产阶级政党，才能推动科学社会主义与工人运动结合起来，团结国际上的无产阶级一起并肩斗争。

因此，恩格斯和马克思采用了两个步骤：

步骤一：成立共产主义通讯委员会，在思想上和组织上为建党做好准备。

在两人紧张创作《德意志意识形态》的同时，恩格斯就和马克思一道在布鲁塞尔着手创立共产主义通讯委员会，这是历史上第一个国际无产阶级的联系组织，那一年是 1846 年。委员会的共同创始人还有比利时的菲利普·日果。日果当时是布鲁塞尔市立图书馆的馆员，利用职位优势为共产主义通讯委员会做了大量工作。此外，还有德国流亡革命家威廉·沃尔弗、德国政论家约瑟夫·魏德迈、马克思的小舅子埃德加尔·冯·威斯特华伦、无产阶级诗人格奥尔格·维尔特、德国新闻工作者斐迪南·沃尔弗、比利时新闻工作者塞巴斯蒂安·塞莱等，威廉·魏特林一开始也参与了通讯委员会的工作（但他后来和委员会决裂，后面我们再说）。

布鲁塞尔共产主义通讯委员会成了当时的无产阶级信号"基站",委员会通过活跃的通信活动,逐步搭建起一个范围广阔的国际共产主义信息交流和宣传网络,吸引和吸收了德国、英国、法国、荷兰和丹麦等多个国家的社会主义组织。以"基站"为依托,他们互相交换信息,研究斗争策略,指导各国开展工人运动和民主运动,逐步克服此前工人运动中普遍存在的组织涣散问题,在思想上和组织上为建立无产阶级政党打下了基础。

通讯委员会的工作开展得有声有色,可很多人不知道的是,他们开展这些工作的时候都穷得叮当响。比如马克思,当时他和燕妮已经有了两个孩子,在没有固定收入的情况下,做这些工作只会让日子越过越难;那是不是家里"有矿"的恩格斯就不用忧虑柴米油盐了呢?他当时虽然能收到家里的汇款"啃啃老",但汇款并不稳定,因为家里向来反对他"不务正业"。本来马克思和恩格斯以为《德意志意识形态》出版了能拿到一笔稿费,却把自己写成了"贫困人口"。于是恩格斯在1846年4月3日写信给他妹夫借钱,让我们得以了解他当时靠着频繁出入当铺来勉强度日的窘境。

亲爱的艾米尔:

请立即寄给我6英镑或150法郎左右。我在一两个星期以内寄还给你。本来我等着老头4月1日寄钱给我,但是没有寄来,看样子,他是想在来参加你孩子的洗礼时顺便带来。但是我现在有价值150法郎的东西在当铺里,在亲人们到来以前要去赎回来,因此现在我必须有这一笔钱。出现这些麻烦,是因为一个冬天我在写作方面几乎一文钱也没有挣到,因此我和我的妻子不得不几乎完全靠家里寄钱度日,而家里寄来的钱又不太多。现在我手头有一批相当数量的稿子,已经完全写好或写好一半,这种窘境今后就不那么容易出现了。总之,请你把钱寄给我,我一收到家里的钱就还给你。

你的兄弟弗里茨在这里住了几天,昨天早晨回家去了。最后我再一次请你对这封信的内容保守秘密。祝好。

你的 弗

到了夏天，恩格斯捉襟见肘的状况并没有像他希望的那样得到改善。通讯委员会其他成员的境况不比他好多少，日常经费开支都靠德国的熟人、朋友募集，此前这些熟人还资助过马克思。

因经费掣肘，通讯委员会的效率受到一定的影响，但委员会成员们仍然在艰苦的条件下做出了卓越的成果。1846年这一年成立了许多共产主义通讯委员会，还和伦敦、巴黎、勒阿弗尔、哥本哈根、哥德堡、柏林、科伦、爱北斐特、汉堡、基尔、哥尼斯堡、莱比锡、马德堡等多个城市的共产主义者建立了稳固的联系。布鲁塞尔通讯委员会成为共产主义运动的一个重要的思想中心和政治中心。

步骤二：跟各种冒牌的社会主义斗争到底。

列宁在回顾马克思主义的历史命运时曾指出，此时马克思和恩格斯的理论不过是无数社会主义派别或思潮之一。无产阶级负有历史使命的理论只有经过斗争才能提升影响力，才有可能争取到工人的认同。魏特林的空想共产主义、蒲鲁东的小资产阶级社会主义和"真正的"社会主义三个流派在当时的工人阶级群体里影响力很大，共产主义通讯委员会与他们进行了多次论战。

其中，职业为裁缝的威廉·魏特林是著名的工人运动理论家和活动家，多次遭到普鲁士政府的逮捕和流放。他参加革命运动的时间比马克思、恩格斯早得多，到19世纪40年代初，在以德国手工业工人为主的半密谋、半宣传性革命组织——正义者同盟中已经成为响当当的领导者。马克思、恩格斯一开始十分尊重魏特林，一度把他视为共产主义思想的捍卫者。1846年春，到达布鲁塞尔的魏特林受到马克思和恩格斯的热情招待，两人邀请他参加共产主义通讯委员会，魏特林也同意了。但是，随着了解的加深，马克思和恩格斯发现魏特林的思想带有浓厚的基督教色彩，理论宣讲起来搞得玄而又玄，他自己也以救世主自居，拒绝接受科学社会主义理论来修正自己的学说，反而在委员会内部开始搞起了小团体。这时马克思28岁，恩格斯26岁，魏特林38岁，从事革命的时间没法相提并论；马克思和恩格斯的学说还没有在工人运动中产生什么影响力，而魏特林在工人运动中的名气大得很，他屡次被反动政府逮捕和流放的经历更增加了他的传奇色彩。种种因素对比都表明，魏特林如果继续搞小团体，他的能力和影响力势必会分裂通讯委员会甚至完全改变组织的路线和方向。斗争，不可避免地爆发了。

1846年3月30日召开的布鲁塞尔通讯委员会第一次会议记录了马克思、恩格斯同魏特林空想共产主义的斗争实况。恩格斯宣布会议开始并首先发言，他直截了当地指出，今天开会一定要把与会者彼此的观点弄清楚，并制定共同的理论，作为行动的指导方针。魏特林马上跟进发言，他宣布：共产主义革命马上就要在德国开始了，大家不应该在这儿搞理论上的讨论，而是应该鼓动工人马上采取行动。"我认为，对共产主义来说人人都已成熟，甚至罪犯也是如此，……那些说没有成熟的人是我们的敌人。如果我们听从他们，我们必然无所事事，坐等那烤熟的鸽子自己飞到我们的嘴里。"面对这种不切实际的救世主式布道，马克思坐不住了，坚决提出反对：如果不交给工人严格的科学思想和正确学说，那就同传教士所玩弄的把戏没什么区别；不给群众以可靠的、深思熟虑的行动，只宣扬群众要有激情，这是对群众的欺骗，不仅不能拯救苦难的人们，反而把人们引向毁灭。

这场真枪实弹的辩论带给委员会其他成员的震撼可想而知。由于马克思、恩格斯的努力，成员们开始认识到魏特林空想共产主义的危害，而马克思和恩格斯的观点逐渐得到绝大多数成员的支持。但只解决魏特林就够了吗？啊，人生如果这么容易，还怎么叫人生呢？委员会还需要紧急解决"真正的"社会主义所造成的恶劣影响，而其代表人物海尔曼·克利盖就成了必须要批判的对象了。

克利盖是活跃在美国的"德国共产主义在纽约的著作界代表"，在德国流亡工人的支持下，他创办了周报《人民论坛报》。这个报纸成了克利盖宣言他那一套"用爱把一切人团结起来"的自留地。以克利盖为代表的"真正的"社会主义实际上是庸俗化了的共产主义，不谈现实条件，不顾具体的问题（财产、劳动组织、劳动人民的生存状况等），就是魔性洗脑般地贩卖"爱的社会主义"（是不是和前面说的费尔巴哈"爱的宗教"有异曲同工之妙？）。克利盖认为实现共产主义是一个不费吹灰之力就能完成的目标，只要废除地租，分给每一个公民一小块土地，就可以实现啦。恩格斯非常鄙视这种调调，评价其没有血性、党性和人性。

但仅在心里鄙视和不屑，显然拦不住克利盖在德国和美国工人运动中继续招摇撞骗，败坏共产主义运动的名声，于是马克思和恩格斯建议布鲁塞尔共产主义通讯委员会对其展开批判，并附上一份长篇决议草案，名字也是毫不矫揉造作——《反克利盖的通告》。围绕这个决议草案，委员会唇枪舌剑地争辩起来，毕竟克利盖和其支持者魏特林的影响力摆在那，有委员很犹豫要怎么开口批判克利盖。马克思和恩格斯在决议草案里说得很直白：克利盖把共产主义变成关于爱的呓语，如果工人接受了这种传销式文案，只会意志颓废，试问世界上哪有无缘无故的爱呢？《反克利盖的通告》铿锵有力的内容折服了委员会，投票结果是只有一个反对票，顺利通过。猜一猜谁投的反对票？毫无意外——是魏特林投的。委员会不仅通过了这个决议，还将其确定为正式决议分发给德国、法国和英国的共产主义者；不仅传播这个正式决议，还责成克利盖在《人民论坛报》上全文发表。这"反克利盖三连发"使克利盖气得发抖，对于在自己主笔的报纸上刊发组织对自己的批评，克利盖整个人都是拒绝的。但是他又没法拒绝，因为他在美国发展得如鱼得水靠的是他时时刻刻宣传自己是组织代表的身份。不得已，克利盖在1846年6月6日和13日的《人民论坛报》（报纸是周报形式）上连载了这个决议。

马克思、恩格斯与克利盖的斗争对澄清工人运动内部关于共产主义的认识、对小资产阶级改良主义本质的认识，都必不可少。那克利盖真心接受这一结果吗？显然并没有，他马上联系魏特林一道，在随后的几期上不断发表自己的辩解，并不忘攻击马克思和恩格斯和其他共产主义通讯委员会的委员。一个主编天天在所负责的期刊上给自己辩护，怎么看怎么不对劲。按照现在的标准，算学术不端了吧？好在克利盖的这些后续的"折腾"没有激起什么水花，他渐渐退出了正义者同盟，销声匿迹了。

吵架，要动真格的

与克利盖的斗争圆满收官，但马克思和恩格斯与"真正的"社会主义的斗争却远未结束。比如，与马克思和恩格斯关系密切的莫泽斯·赫斯也站在魏特林和克利盖一边，公开支持"真正的"社会主义，宣告"不想再同马克思的党发生任何联系了"。在正义者同盟英国伦敦支部和法国巴黎支部里，"真正的"社会主义仍然占据主导地位，尤其在巴黎支部，卡尔·格律恩这个"真正的"社会主义代表像个明星人物一样十分活跃。1846年8月，布鲁塞尔共产国际通讯委员会派恩格斯前往巴黎，帮助在巴黎的德国共产主义者，认清在正义者同盟巴黎支部中流行的"真正的"社会主义的本质，宣传科学社会主义，成立共产主义通讯委员会巴黎分会。换句话说，恩格斯是带着成立党支部和宣传科学社会主义两个重任，奔赴巴黎去跟小资调调斗争去了。

初到巴黎，恩格斯住在枯树街 11 号。狭窄的枯树街位于塞纳河左岸，这里房租低廉但是住宿环境很整洁，对囊中羞涩的恩格斯来说，枯树街 11 号这个小小的公寓太合适不过了。是的，恩格斯此时依然很穷。他在 8 月 19 日写给马克思的信没有钱贴邮票，因为他父亲被他的"不务正业"气得肝儿疼，只给他寄了从布鲁塞尔到巴黎的路费，没有提供在巴黎的生活费，为了敲打他认清现实。恩格斯继续节衣缩食地坚持着，住所简陋，手头拮据，并没有影响恩格斯的工作。他先频繁接触正义者同盟巴黎支部的领导人艾韦贝克，通过多次交谈了解巴黎支部的情况，还见了当地的社会主义者和激进民主派的新闻工作者，拜访了著名的空想社会主义者埃·卡贝，邀请他参加通讯委员会但卡贝拒绝了，还不忘探访马克思的好朋友、著名诗人亨利希·海涅，在给马克思的信里告知海涅的身体状况很不好。忙碌的恩格斯充分利用接触巴黎的工人运动方方面面的机会来开展工作，成为巴黎和布鲁塞尔的信使，在众多往来信件中，他发出的三封报告留存了下来。其中，抵达巴黎的第 5 天他就给布鲁塞尔共产主义通讯委员会寄出了第一份工作报告，一个月后发出了第二份，再一个月后寄出了第三份报告，报告里比较详细地记述了正义者同盟内部围绕格律恩的学说主张所展开的激烈思想斗争。这也是恩格斯亲身参与并推动的工作。

恩格斯怎么开展工作的呢？答案是——吵架！而且足足吵了 3 天。

跟谁吵呢？跟正义者同盟巴黎支部代表和工人吵。

为什么吵呢？因为支部成员沉迷格律恩的"真正的"社会主义和蒲鲁东的小资产阶级社会主义"救世计划"不可自拔。

为什么不跟格律恩本人吵呢？因为格律恩一直没敢出面接招。只要有恩格斯参加的集会，格律恩就躲着。这样恩格斯的论辩对手就变成了格律恩的"代表"——艾泽曼等人。

来，咱们看看当时的现场。在第一个晚上，艾泽曼拿出来蒲鲁东和格律恩关于成立工人协作社的计划,美其名曰"救世计划"。说白了就是号召工人拿出储蓄金开办工厂,广告词叫——工人自己给自己打工,人人都有工作,这样就能消灭资本主义剥削。恩格斯愤怒地站起来发言,语带讽刺地质问宣传这种异想天开的支部成员是傻还是天真。这种所谓的"救世计划"和现在的传销口号"雪白大米饭,吃了赚百万"没啥区别,就好比让连喝个小酒的钱都拿不出来的工人交储蓄金,许诺他们未来能买得起整个法国。把格律恩和蒲鲁东视作领袖的巴黎支部怎么可能受得了恩格斯这种挑衅行为?于是呼啦啦一群人围上来你一言我一语地反驳恩格斯,什么你这么暴戾不好啊,我们要有热烈的博爱之心啊,温和的路线有什么不对啊……恩格斯的小暴脾气也上来了,说你看看自己哪里有点无产阶级的样子,成天幻想着拿月光铸银币,暴力革命连提都不敢提一句,都被小资产阶级洗脑了!艾泽曼看到这么多人一起围攻恩格斯,得意极了,马上做总结发言,处处攻击恩格斯,还捎带攻击共产主义学说。

第一晚没能畅快收拾艾泽曼促使恩格斯转变策略。到了第二个晚上的集会,迎着敌视的目光,恩格斯先发制人,让大家想想自己是以什么身份来开会的。这是共产主义者的集会,如果还跟前一天一样攻击共产主义,那你们确定自己没有走错会场?如果不是,那我就不用来参加这种破烂集会了。这个大招让前一晚振振有词的各人措手不及,吵架的台词都白准备了。形势开始转好。

到了第三个晚上,前一晚恩格斯的先发制人式发言余热不减,一些头脑清楚的工人看到吵架双方的能力素养完全不是一个水平,于是即便之前不认识恩格斯或者前一天对他印象不好的人,也开始转换思路,顺着恩格斯的提问来想一个问题:到底什么是共产主义?吵架和讲理都是要用合理的方式说清楚问题的,针对他们受"真正的"社会主义荼毒已久,恩格斯言简意赅:共产主义的宗旨在于维护无产者的利益,怎么维护呢?用消灭私有制、实行财产公有的方式来实现。用什么手段来达到这个目标呢？只有暴力的民主革命，除此之外一切所谓的温和啊爱啊的手段都是骗人的。

这个时候，科学社会主义和"真正的"社会主义、蒲鲁东的小资产阶级的社会主义，就泾渭分明地展现在工人和支部面前。艾泽曼等人跟被下了哑药似的一句话都说不出来。会议最后就恩格斯的阐述进行表决，结果是13票对2票的压倒性多数赞成恩格斯。恩格斯喜不自胜地给布鲁塞尔共产主义通讯委员会打了报告：巴黎之行的首要目标顺利达成。

恩格斯事业上如鱼得水，生活上也突然转运了，他终于收到父亲的汇款了！之前，恩格斯的妹妹在收到恩格斯给妹夫借钱的信件后，十分心疼这个疼爱自己的大哥，忍不住写信告知父亲母亲，并且不忘写信劝恩格斯不要继续和父亲怄气。想必恩格斯的老父亲也是经历一番思想斗争最终还是不忍心，于是寄来了汇款。恩格斯立马高高兴兴地换了房，租到了百合花路23号这个比较阔绰的住宅。可是还没来得及好好享受一下住大房子的感觉，恩格斯就成了被警察盯梢的重点对象。起因是巴黎的圣安东区发生了饥民暴动，警察开始严密监视出入工人区的人员，天天往来工人区的恩格斯自然上了监视名单，并且被视为头号危险分子。恩格斯不得不暂停参加集会等革命行动，但他没有天天在家闲待，而是争分夺秒地做学术，主要研究丹麦、瑞典和冰岛的历史、经济和文化，并与出版社商谈准备写一个大部头《论英国社会史》，还把蒲鲁东新出版的代表作《经济矛盾体系，或贫困的哲学》做了系统的研究和详细的摘要，连同自己的评论一起寄给了马克思，马克思那时正在准备全面批判蒲鲁东的理论体系。

宣言书一出，谁与争锋

为躲避警察的监视和密探的盯梢，恩格斯从1847年4月初开始就不再使用他个人的地址与外界尤其是与马克思通信了。形势突然变得紧张，源于1月底正义者同盟委派约瑟夫·莫尔分别前往布鲁塞尔和巴黎拜会马克思和恩格斯，邀请他们加入正义者同盟。莫尔代表同盟向马恩二人说明，同盟的领导者们确信马克思和恩格斯的观点是正确的，希望能请他们来帮助和指导同盟的改组工作。

此前，马克思和恩格斯为什么没有加入正义者同盟呢？这就需要了解一下在前文频繁出镜的正义者同盟了。正义者同盟是德国手工业无产者创办的革命组织，口号是"人人皆兄弟"，从中不难感觉出江湖儿女、绿林好汉的丝丝味道。正义者同盟之前一直奉行密谋的作风，盟员内部思想主张也很混乱。随着革命形势的发展，同盟内部开始意识到要与密谋的陈旧传统一刀两断，马克思和恩格斯与魏特林的空想共产主义、"真正的"社会主义等错误思想的斗争让盟员看到希望，于是积极邀请马恩二人加入。马克思和恩格斯欣喜地看到同盟的思想状况已经发生了这样的转变，于是应邀一起加入了正义者同盟。即便于此，同盟在当时还是一个秘密、非法的组织，所以恩格斯在巴黎必须低调行事，不让警察发觉。

于无声处听惊雷，人类历史上第一个无产阶级政党的筹备工作就这样开始了。

1847年6月2日，正义者同盟第一次代表大会在伦敦召开，恩格斯作为巴黎支部的代表参会，布鲁塞尔支部的代表是沃尔弗。本应一同参会的马克思因为穷得拿不出路费只能放弃。他给恩格斯写信告知经济状况不允许自己去伦敦，有你和沃尔弗在就足够了。马克思对恩格斯如此放心我们都了解，为什么对沃尔弗也如此信任？实际上，沃尔弗是马克思和恩格斯一生亲密的战友，马克思在他的科学巨著《资本论》（第一卷）的题词中这样写道：献给我的不能忘记的朋友，无产阶级勇敢的、忠实的、高尚的先锋战士威廉·沃尔弗。沃尔弗和马克思、恩格斯并肩战斗多年，他的一生常与饥饿相伴，生活一直不宽裕，可就是这样一个流亡者在去世前居然积攒下了 1000 英镑，这在当时是一笔巨款，他把其中的绝大部分遗赠给了马克思一家，拯救了当时差点去住贫民窟的马克思，资助他顺利地完成了《资本论》的写作。沃尔弗刚逝世，马克思就打算给这位性情乖戾但却忠贞不渝的朋友写一篇传记，1864 年 5 月末到 6 月初拟订了传记的提纲，却苦于手头没有沃尔弗早期生活的某些资料，这一计划未能如愿。沃尔弗的传记是 12 年后由恩格斯写成并发表在 1876 年 7 月到 11 月间的《新世界》杂志上的。

我们再回到正义者同盟第一次大会的现场。由于这是正义者同盟史上头一次正儿八经的大会，改组要从最基本和最核心的问题入手。首先要改的就是同盟的名字和章程。大会讨论决定，改名字为共产主义者同盟，这样才能鲜明地体现出同盟的阶级性质。之前同盟的口号叫"人人皆兄弟"，散发着浓浓的江湖气息。为什么改名字如此重要？为了向盟员解释清楚，避免个别不喜欢改变的盟员误会，代表大会对改名的意义也做出了专门的说明："因为旧的名称是在特殊的情况选用，并考虑到一些特殊的事件才采用的，这些事件与同盟的当前目的不再有任何关系。因此这个名称已不合时宜，丝毫不能表达我们的意愿。许多人要正义，即要他们称为正义的东西，但他们并不因此就是共产主义者。而我们的特点不在于我们一般地要正义——每个人都能宣称自己要正义——，而在于我们向现存的社会制度和私有制进攻，在于我们要财产公有，在于我们是共产主义者。"从正义者同盟到共产主义者同盟，几字之差，却从内涵上高下立现。

紧接着，恩格斯提议，把同盟的口号"人人皆兄弟"换成"全世界无产者，联合起来！"可能当时在场的人都没有想到，一个提议竟然成为凝聚了一代又一代革命者的壮丽宣言。42 年后，即 1890 年 5 月 1 日国际劳动节上（这是人类历史上第一个国际劳动节），年迈的恩格斯充满自豪地回忆起改组同盟口号的场景:"当 42 年前我们在巴黎革命即无产阶级带着自己的要求参加的第一次革命的前夜向世界上发出这个号召时,响应者还是寥寥无几。可是,1864 年 9 月 28 日,大多数西欧国家中的无产者已经联合成为流芳百世的国际工人协会了。……今天的情况定会使全世界的资本家和地主看到,全世界的无产者现在真正联合起来了。"

大会用了很长的时间讨论同盟的纲领。讨论过程中的最大困难在于很多代表都是第一次有机会完整地接触科学共产主义的基本思想。恩格斯向代表们详细介绍了他和马克思关于科学社会主义的基本观点,并力求在各个要点上获得代表们的认可。沃尔弗时刻支持恩格斯。最终,恩格斯起草了纲领草案——《共产主义信条草案》。这个草案是问答形式,一共有 22 个问题。主要内容是从唯物史观的立场出发分析资本主义社会的阶级形式问题,指出无产者和奴隶、农奴、手工业者的区别,说明无产阶级所肩负的历史使命,无产者只有废除一切私有制和消灭一切阶级差别,才能获得自身的解放。此外,草案还阐述了共产主义的建立条件,共产主义学说的产生等内容。《共产主义信条草案》是具有科学社会主义思想的第一个纲领性的草案,适应无产阶级反对资产阶级斗争的根本要求和利益。但是,恩格斯在起草草案的时候必须考虑到当时同盟的整体理论水平,所以问答的形式显然通俗易懂,但却也限制了深度的理论阐述,也就是说,《共产主义信条草案》并没有达到马克思主义在当时已经实现的理论高度,其中一些条文还是同盟内部妥协的结果。所以在原定于 1847 年 11 月 29 日召开的同盟第二次代表大会前夕,恩格斯果断修改了原来的草案,着重删除了一些理论上不成熟的条文。随后恩格斯返回巴黎。

同盟章程和《共产主义信条草案》对刚刚改组的共产主义者同盟至关重要,所以同盟大会对此十分慎重,决定把这两份文件印发给在各地的支部组织进行讨论,打算把综合讨论的结果提交给第二次代表大会。巴黎支部自然也收到了这两份材料,支部成员赫斯利用讨论的机会写了一份同盟纲领的修改意见稿,不忘在马克思、恩格斯的科学社会主义的条文阐述中夹带"私货",穿插进他自己所坚持的"真正的"社会主义理论。当然,巴黎支部讨论会上这个内容复杂的修正稿被毙掉了,支部邀请恩格斯在《共产主义信条草案》的基础上重新拟一个纲领草案好提交给大会。恩格斯就用了几天的时间完成了《共产主义原理》。这个纲领草案就是后来举世闻名的《共产党宣言》的创作基础。共产主义者同盟虽然开了第一次代表大会,但是改组过程中还是曲曲折折不消停,因为同盟里既有魏特林的空想共产主义,也有"真正的"社会主义,还有蒲鲁东小资产阶级社会主义的影响,不同思想影响下的支部互相不待见,有的支部对大会的决议嗤之以鼻,这么复杂的同盟改起组来可谓一言难尽。于是,中央委员会讨论决定,不能再这么内耗下去了,需要召开第二次代表大会以便确立同盟的纲领和章程,而且要改组成功,离不开马克思和恩格斯,他俩务必参会,再也不能因为没有路费而耽搁了。

开第二次代表大会之前,恩格斯在布鲁塞尔停留了3个月,和马克思共叙友谊,不忘巩固同盟公认的联系。他俩在8月底成立了德意志工人协会。协会的可贵之处在于,共产主义同盟在当时还是处于地下状态,而德意志工人协会却是实打实的合法组织,并且很快发展到了100多个会员。每逢星期三和星期天的晚上,工人协会的会员就在"天鹅饭店"聚会。天鹅饭店至今还在,一个在当时是穷人光顾的小酒馆现在成了一个高档餐厅。协会每周三晚上是固定讨论政治问题和社会问题,先由一个会员提出需要讨论的主题报告,然后大家畅所欲言;星期天晚上的安排则要活泼得多,一般先由威廉·沃尔弗对一周的政治事件做评述,随后开始娱乐活动。有时一些会员的家属也会参加集会,唱歌、跳舞、朗诵诗歌甚至表演话剧,马克思的妻子有时也会来朗诵世界名著。

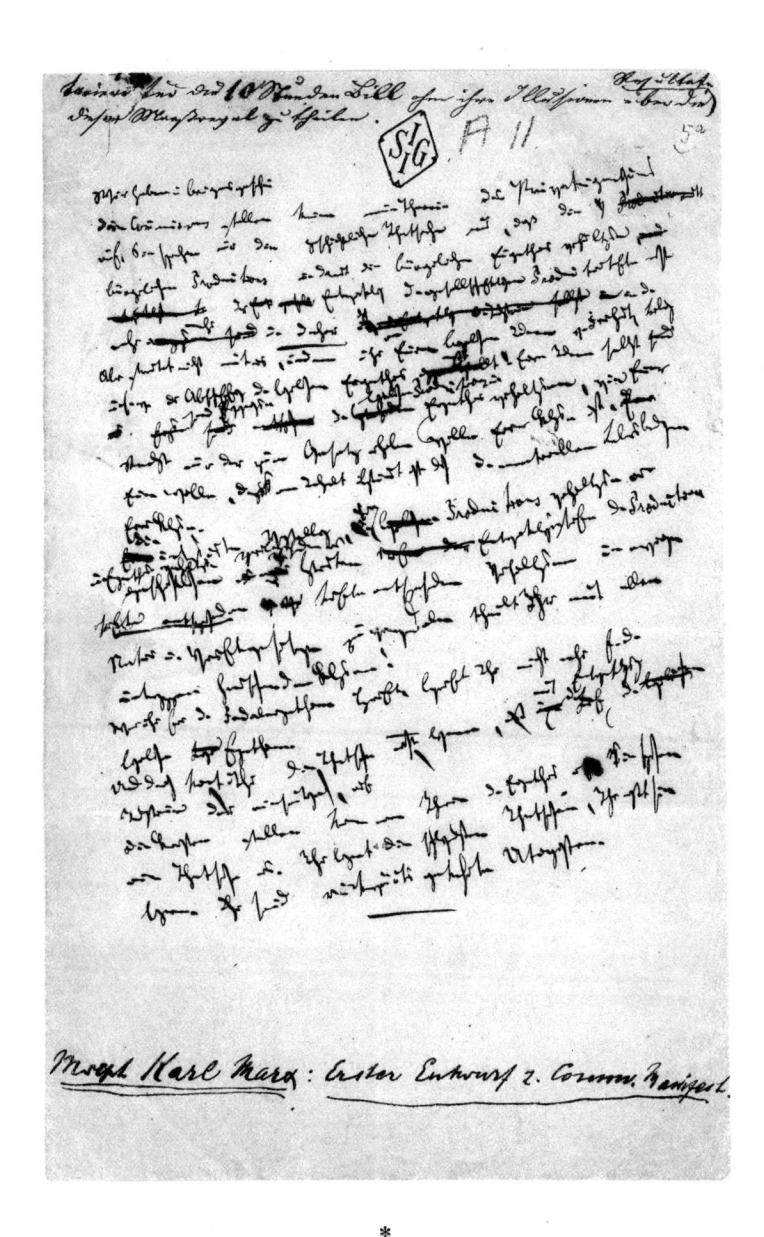

《共产党宣言》手稿

时间到了 1847 年 11 月 29 日，共产主义同盟第二次代表大会在伦敦开幕。马克思和恩格斯分别作为布鲁塞尔和巴黎支部的代表参见了大会。但两人在会前已经提前见面了。回顾一下这段会面的前因后果，更有利于我们理解为什么说《共产党宣言》是马克思和恩格斯共同创作的成果。第二次代表大会之前，恩格斯就给马克思写了一封长信，请他把自己之前写的《共产主义信条草案》再作考虑，"我想，我们最好是抛弃那种教义问答形式，把这个东西叫作《共产主义宣言》。因为其中或多或少地叙述历史，所以现有的形式是完全不适合的。我将我在这里草拟的东西带去，这是用简单的叙述体写的，但是校订得非常粗糙，十分仓促。"紧接着他向马克思介绍自己新写的《共产主义原理》的大体内容。纲领就是旗帜，关系到以后同盟的发展道路，慎重起见，恩格斯和马克思约定在前去伦敦开会的途中，先在比利时的奥斯坦德城碰面。两人先把有关同盟纲领和其他重要问题先仔细过一遍，很顺利地在所有讨论的重大问题上都达成一致，同时决定以恩格斯的《共产主义原理》为基础，共同创作一个新的纲领草案。

时间到了第二次代表大会的召开。这场大会相比于第一次代表大会，会期延长了很多，重要性也相应增强。会议断断续续开了 10 天，只能在晚上进行，因为代表们白天要上班或者做工。虽然马克思和恩格斯的出席是很多代表所期待的，但同盟内部的复杂和分立的流派注定大会的讨论演变成唇枪舌剑。争辩过程中，学识渊博、叙述清晰且原则明确的马恩二人组合最终取得胜利。12 月 8 日，大会通过了《共产主义者同盟章程》，更准确地体现了科学共产主义的思想，改组计划取得初步成效。经过这次大会，以科学共产主义为指导的第一个国际性无产阶级政党正式形成并得以巩固。代表大会委托马克思和恩格斯起草党的纲领，大会闭幕后，两人回到布鲁塞尔继续边讨论边确定了纲领的写作框架。就在这时，恩格斯接到了布鲁塞尔民主协会的委托，回巴黎去做加强协会与法国民主主义者的联系工作，

马克思与恩格斯一起审阅《共产党宣言》印刷稿

于是恩格斯在 12 月底返回巴黎。

因此，同盟的纲领——《共产党宣言》最后是马克思单独定稿的。但是不论从哪方面看，这都是两人共同的心血结晶。后来，恩格斯在 1888 年给《共产党宣言》英文版写序言时谦虚地说道："虽然《共产党宣言》是我们两人共同的作品，但我认为自己有责任指出，构成《共产党宣言》核心的基本思想是属于马克思的。"恩格斯指的核心的基本思想就是唯物史观。正如列斯纳所评价的："恩格斯本人对科学共产主义的创立和传播做出了很大的贡献，但是常常强调他那不朽的朋友所起的作用。恩格斯是这样的人，只要我们对他的了解越深刻，我们也就会越敬爱他。"

同盟中央委员会收到马克思寄来的《共产党宣言》后，经讨论一致同意，并在 1848 年 2 月印刷出版。《共产党宣言》一经问世便成为畅销书，被译成多种欧洲文字出版发行。这是国际共产主义运动史上的一个大事件。每次有人问我想了解马克思主义但是又没有那么多时间、精力来全面学习的情况下，应该看什么书的时候，我总是会先推荐《共产党宣言》。列宁评价《共产党宣言》："这本小书的价值相当于全部巨著"。《共产党宣言》已经以一百多种语言、一千多种版本的形式在地球上流传，为什么《共产党宣言》能有这么大的魅力？因为马克思和恩格斯在这里回答了一个人们探索了几百年的大命题：如何消灭剥削与压迫，饥饿与战争，如何实现一个更好的未来？在《共产党宣言》问世的 20 年前，歌德写下了著名的《浮士德》，他在这一长篇巨著里让双目失明的浮士德看到了遥远未来的光芒，道出了他的憧憬："在自由的土地上住着自由的国民。"20 年后，马克思和恩格斯指出了通往未来社会的道路，歌德和其他无数的革命乐观主义者终于有了坚实的理论基础——历史唯物主义。

第十章 经受1848年大革命的洗礼

在 1848 年波澜壮阔的欧洲大革命中，恩格斯经受了血与火的洗礼。他义无反顾地投入到这场革命浪潮中，冲锋陷阵，四处奔波，展现了一个伟大的无产阶级革命家的崇高品质。

重回布鲁塞尔

是恩格斯手头有钱可以换大房子了吗？不，这次他是被驱逐了。1847年12月31日这天晚上，在巴黎的德国革命者像往年一样开跨年会议。恩格斯一边喝酒一边激情昂扬地发表了演讲。警察一直就把他和其他流亡革命者作为盯梢的重点对象，现在他们还天不怕地不怕地搞聚会，正好找个罪名好好收拾这些人，恩格斯的演说简直是送到嘴边的肉。巴黎当局马上认证恩格斯的演说在暗地里敌视政府，于是在1848年1月29日下了驱逐通知，明面上要求他24小时内离开巴黎，72小时内离开法国，否则就把他引渡给普鲁士政府；暗地里搞深夜突袭，搜恩格斯的家，试图找到他反政府的实锤，哪怕只言片语也算。恩格斯的处境越来越危险，只能被迫离开巴黎，投奔在布鲁塞尔的马克思。

伴随着1848年新年钟声的敲响，一场疾风暴雨般的大革命迅速席卷欧洲大陆。在历史上被记载为1848年大革命，爆发的起因是迅速成长的资本主义与顽固的封建秩序的尖锐矛盾不可化解。拉开大革命序幕的是1月在意大利发生的巴勒莫起义，巴黎人民紧随其后，对封建统治不满的社会各阶级一起发动了起义，其中巴黎的工人阶级斗争力非常强悍。刚抵达布鲁塞尔的恩格斯听到了巴黎起义的消息，无比振奋，他专门在《北极星报》上发了一篇通讯稿，生动描述了布鲁塞尔在收到巴黎革命成功消息的时候全城高呼"Vive la République!"（共和国万岁！）的热烈场景。

恩格斯热情赞颂巴黎工人阶级的革命精神，他写道："资产阶级完成了自己的革命：他们推翻了基佐，并结束了大交易所经纪人的独占统治。但在目前的第二场斗争中，已经不是一部分资产阶级同另一部分资产阶级相对峙；目前是无产阶级同资产阶级相对峙了。……由于这次革命获得胜利，法国的无产阶级又成为欧洲运动的领袖。荣誉和光荣属于巴黎的工人们！"现在有多振奋，后来革命失败后的巴黎就让恩格斯有多痛苦，这是后话。

革命形势随着法国二月革命的胜利发生了变化，共产主义者同盟在积极为新的革命斗争做准备，二月份，同盟的中央委员会决定把权力移交给马克思和恩格斯所在的布鲁塞尔区部委员会，即新的中央委员会。在马克思和恩格斯的领导下，同盟中央委员会通过布鲁塞尔工人协会和民主协会积极活动，其中，在恩格斯的建议下，民主协会从2月27日开始每天集会，成为领导比利时革命的指挥中心。民主协会要求布鲁塞尔市政委员会把武器分发给工人和手工业者，同时积极筹款为工人购买武器。

马克思以身作则，把刚得到的父亲的遗产中的相当一部分上交了协会，为革命的来临做准备。对于一个终日挣扎在赤贫线的家庭而言，本来生活境遇能因获得遗产而有所改善，用钱买面包不好吗？可就是在这样的情况下，马克思依然能毫不犹豫地拿出钱来支持革命。

巴黎起义像地震一样撼动了整个欧洲大陆。比利时的封建政权也处于风雨飘摇中，马克思和恩格斯领导的民主协会开展的工作如火如荼，这让比利时政府如临大敌，于是集中力量搜罗和迫害民主协会成员。2月底，沃尔弗——他们的亲密战友和同盟的领导者之一被捕，第二天又被驱逐出比利时。紧接着同盟的一些代表也经受了沃尔弗类似的遭遇。一时间，风声鹤唳。3月3日，比利时政府限令马克思24小时内离开比利时。马克思果断在家中召开同盟中央委员会会议，商讨后续工作的安排。会议决定由马克思在巴黎成立新的中央委员会，继续开展同盟的工作。

之所以选择巴黎，是因为马克思刚刚接到了二月革命后成立的法国共和国政府的邀请。会议还没收尾，比利时的警察就破门而入，逮捕了马克思和燕妮，带到警察局监禁了整整18个小时。距离24小时的限制时间越来越近了，再不走就真走不了了，马克思携家人连衣服都来不及收拾就被迫匆匆离开了。好在还有恩格斯，他暂时没有接到驱逐令，所以他抓紧时间整理马克思一家的行李，打包寄出，同时筹措路费为赶去巴黎和马克思会合做准备。恩格斯继续领导着布鲁塞尔的工作，还组织了抗议政府驱逐马克思的活动，利用私人关系找到了一些社会上有身份地位的人物就驱逐马克思一事在众议院向政府提出质询，最终政府把那个逮捕马克思的警官推出来"背锅"了。

再回巴黎

当恩格斯在布鲁塞尔紧锣密鼓开展工作的时候，共产主义者同盟中央委员会的委员们纷纷从伦敦和布鲁塞尔等地赶赴巴黎，在马克思的主持下，成立了新的中央委员会。马克思很快写信给恩格斯向他通报新成立的中央委员会的成员和工作开展情况，请他尽快赶来巴黎参加中央委员会的工作。

恩格斯把马克思一家的行李打包寄出，还附了一封信，在信里恩格斯告知马克思自己很快就要去巴黎和他会合，并且预测了德国革命的形势：德国情况大好，希望我们在巴黎居留不会很久。言外之意是德国革命形势的发展很有可能要让他们很快回到德国去。果然，3月21日刚抵达巴黎，恩格斯就收到了柏林革命取得胜利的消息。恩格斯在《柏林关于革命的辩论》一文中敏锐地指出，大家不要就此满足，这次不彻底的革命只是长期革命的一个开端。

恩格斯做出这个判断的依据是空穴来风吗？实际上，当时革命的结果是人民有了武装，获得了具有民主性质的自由，但同时革命保留了君主政体，成立了代表大资产阶级的政府。但掌握统治权的是这个政府，而不是仅获得结社权利的人民。这些都表明，革命的浪潮不会停歇，还会翻涌出新的波涛。依据这个判断，马克思和恩格斯认为德国的无产阶级政党不能光看热闹，得行动起来，为此他们专门写了《共产党在德国的要求》，代表中央委员会发声。《共产党在德国的要求》行文潇洒又足够严谨，读起来酣畅淋漓。这篇文章算是《共产党宣言》的衍生篇，讲的就是《共产党宣言》在德国当时具体情况下的运用，提出德国无产阶级在资产阶级民主革命中应该提出哪些具体的政治和经济要求，无产阶级继续推进革命的斗争纲领和策略。比如，实现普选权、武装全体人民、实现政教分离和普遍的免费国民教育、无偿废除农民承担的封建义务和地主奴役，还要在德国建立一个统一的、不可分割的共和国，而不是保留半吊子的封建政权和资产阶级政府。这些都是资产阶级民主革命就应该完成的任务，只有实现这些要求之后，才有可能把资产阶级民主革命转化为社会主义革命。从中我们也不难理解，革命是分步骤有序推进的，一锅乱炖式的革命主张实施起来最终只会沦为笑柄。

在法国居住的德国流亡者和工人读到《共产党在德国的要求》备受鼓舞，马克思和恩格斯通过同盟的中央委员会号召居住在英国、法国的德国工人于3月底或者4月初分成不同的小组悄悄返回德国参加革命。据记载，在他们的组织下，当时有300～400个同盟的盟员顺利返回德国，成为日后革命的重要力量。同时，思想的火炬也在燃烧，这些盟员还给德国工人阶级带去了大批《共产党宣言》和《共产党在德国的要求》的资料，加速了马克思主义在德国的传播。

同回德国

1848年4月6日（也有说法是7日），恩格斯和马克思一家人从巴黎返回久违的祖国。和他们一起做伴的还有一个叫德朗克的青年，恩格斯是他的入党介绍人。德朗克因写过一本名为《柏林》的书而触怒当局，被判处

恩格斯

监禁，后来他出逃至布鲁塞尔，结识了同盟中央委员会。一行人历经辗转终于到达科隆这座工业发达的城市，选择科隆作为归国的目的地是因为科隆是为数不多享有新闻自由的地区，马克思和恩格斯早已酝酿办一份报纸宣传革命理论，组织和指导同盟盟员的活动。

创办一个宣传、指导无产阶级革命运动的报纸，这是马克思和恩格斯的革命阵地。但是办报哪有那么轻松，科隆当地的民主派和一些共产主义者同时间也正在筹备办一份报纸，可他们只想把报纸办成地方性的，也就是只发布关于科隆的信息，而不是全国性的。于是他们暗示马恩去柏林，不要和他们在科隆抢地盘。马克思和恩格斯坚持不走，极力劝说这些民主派和共产主义者支持，他们也做了一点妥协——接受当地的共产主义者同盟盟员亨利希·毕尔格尔斯加入编辑部。

就这样，马恩好不容易从科隆当地的民主派那里取得了主办权，报纸取名为《新莱茵报》。万事俱备，只差钱。于是，马克思和恩格斯再次经历了一遍一文钱难倒英雄汉的筹资办报历程。恩格斯返回家乡巴门（今伍珀塔尔）筹资，先想到的是跟家人借钱，结果不出意料地得到父亲的直接拒绝。恩格斯又跟自己之前的朋友们写信让大家认股，结果只筹到了 14 股，一股 50 塔勒。恩格斯郁闷地发现以往的好友大多已经变成了资本家，不愿意跟他讨论任何社会问题，没等恩格斯开口就马上招呼：嗨，咱们只谈风月莫谈国事。更有一些老板看到恩格斯回来吓得瑟瑟发抖，生怕恩格斯突然就把他们"革命"了，因为当时在恩格斯的家乡有人散播谣言说恩格斯企图马上宣布巴门为共和国。恩格斯的父亲听到这些小道消息十分愤怒，看到恩格斯到家了讽刺他：你打算什么时候宣布建国？恩格斯一头雾水，却无处改善父子关系。筹资处处碰壁的恩格斯知道再耗下去也借不到更多的钱了，只好在 5 月 20 日返回科隆。两人一碰头发现彼此筹到的钱都十分有限，马克思于是把从父亲那继承的遗产里拿出一大部分，恩格斯也把父亲给的生活费悉数拿出，好说歹说凑齐了办报的启动资金。

办报远非一劳永逸的事情，马克思为了继续筹集经费而四处奔忙，所以《新莱茵报》创办最初的几个月，大部分的文章都出自恩格斯之手，马克思出差的时候由恩格斯代理总编辑一职。马克思逢人就夸恩格斯写得又快又好，是一部真正的"百科全书"。而且恩格斯精通多国语言的天赋让他的编辑工作如虎添翼，《新莱茵报》的编辑和通讯员遍及整个欧洲，高效处理多国语言的稿件是恩格斯拿手的事情。

马克思是《新莱茵报》编辑委员会的领袖和灵魂，恩格斯是他最有力的助手和臂膀。几个月的时间里，恩格斯写了上百篇文章分析德国革命的形势，抨击小资产阶级的小家子气，还直接对准三月革命之后成立的柏林议会和法兰克福议会开炮。他用了很大力气揭露议会的虚伪和欺骗性，目的是告诉无产阶级不要对资产阶级政府和议会抱任何幻想。挥笔如飞的恩格斯充满激扬文字、挥斥方遒的革命青年意气，一篇篇稿件像一发发子弹一样射向统治政权。

恩格斯的语言优势、写作速度、挥笔成文等本领都让他刊发文章工作进展顺利，但他在编辑部的工作并不是一帆风顺的。当马克思出去筹钱的时候，恩格斯代理总编辑的职务经常搞不定局面。威廉·李卜克内西后来回忆起这段经历时给我们了解那段办报历程提供了鲜活的素材。

编辑们都是天不怕地不怕、自诩才高八斗的才子，一个有才的人在一群普罗大众里可以享有备受拥簇的待遇，一群有才的人天天聚在一起，结果只能是互相看不上。同样年轻有才的恩格斯显然震慑不了这群才华横溢的编辑，所以编辑部经常因为意见不同而吵得热火朝天。马克思在场的时候一切都有条不紊地进行，因为大家都服马克思，有争议交给他来拍板；马克思外出的时候，恩格斯时常无力调节吵得浑然忘我的同事，这种时候通常由编辑部里年龄最大的沃尔弗出面维持局面。不过吵归吵，整体上这是一个因共同的理想信念而聚在一起的团队，战斗力不在话下。所以虽然恩格斯在代理总编辑时候时常会有调停无效的苦恼，但他依然珍惜办报过程的一点一滴，到了老年在回忆起这段经历时动情地说道："我生平曾经有两次荣幸地为报纸撰稿而完全得到了出版工作中一般所能有的两个最有利的条件：第一，绝对的出版自由，第二，深信你的听众正是你想要同他们说话的人。这第一次是1848年到1849年为'新莱茵堡'撰稿，……在这种时候从事办日报的工作是一种乐趣。"

《新莱茵报》从1848年6月1日出版到1849年5月被迫停刊，一共出版了301期，还有一些号外，这是当时革命时期的德国最出名的报纸。作为德国无产阶级第一份独立的日报，《新莱茵报》被永久载入史册。

被迫逃亡，检验友谊的时刻

1848年6月巴黎无产阶级发动起义，3万多工人与8万多士兵、10万国民自卫军对抗了整整3天，起义最终失败。马克思和恩格斯在《新莱茵报》上频频撰文声援和赞扬巴黎起义，分析这一革命的性质，也为其他国家了解这场革命打开了窗口。恩格斯高度赞扬巴黎无产阶级的革命精神："工人被击溃了，并且大部分被残酷地消灭了。这次阵亡的战士不会受到像七月革命和二月革命的牺牲者所受到的那种尊敬；但是历史将给他们以特殊的地位，把他们看作是无产阶级第一次决战的牺牲者。"

巴黎六月起义的失败是整个欧洲民主革命的一个重大转折。巴黎的失败让其他爆发革命的国家中的革命和反革命力量对比迅速发生了变化，反革命的力量逐渐发展起来，各国无产阶级革命形势迅速恶化。德国表现尤甚。军警开始实行戒严，原本有新闻自由的科隆也难以幸免。《新莱茵报》的编辑们陆陆续续收到传讯，编辑部多次被当局搜查，一心想找到他们的

"罪证"。作为主编的马克思更是成了警察局传讯室的常客。9月25日清晨,《新莱茵报》的编辑沙佩尔和民主主义者贝克尔被捕,恩格斯和沃尔弗等人都因在科隆召集公民大会并发表演说而被检察机关提起诉讼。9月30日,警察突然闯进恩格斯住的地方实施抓捕,但扑了空,也没搜集到什么证明恩格斯有罪的"实锤",反被聚集在门口看热闹的市民一顿嘲笑。原来恩格斯在科隆实行戒严时已逃离科隆。10月3日德国几家报纸上同时发布了国家检察官对恩格斯下达的通缉令。

恩格斯的逃亡之路就此开始。他先回巴门躲了几天,然后前往布鲁塞尔,本来按照比利时宪法,恩格斯在这儿可以享有政治避难权。但结果是恩格斯和德朗克刚到布鲁塞尔,就被比利时国家保安局立马押上囚车作为"流浪者"解送出境。15日,恩格斯终于到达巴黎。这次返回巴黎恩格斯颇有"山中方一日,世上已千年"的物是人非之感。仅仅与巴黎这座充满快乐回忆的城市分隔几个月,当时他为这座城市的革命浪潮欢呼雀跃,今天眼前所看到的城市哪里还有一点鲜活的影子?巴黎起义失败后,城里死气沉沉。恩格斯内心五味杂陈,含着泪缅怀已经没有灵魂、没有生命的巴黎。满腔哀伤的恩格斯觉得去哪儿都行,只是不能待在巴黎这个伤心地了。

几经考虑,他决定去瑞士。这时的恩格斯已经身无分文了,望列车而兴叹,没钱买票只能徒步。旅途中他给马克思写信还不忘自嘲:科隆检察机关随便他们起诉我一千次一万次,我都可以忍受,唯独忍受不了审前羁押室里不准我抽烟。他背着行囊整整走了500公里,用了半个月的时间终于走到了日内瓦。虽然被通缉,虽然没有钱,但不影响天性乐观的恩格斯把逃亡变成了旅行。他被法国中部壮美的河谷风景震撼,陶醉于法国南部馥郁的葡萄酒香,欣赏沿途看到的一群群快乐的人们和美丽的姑娘。此外,他的"职业病"让他注意到法国农民的特殊状况——负担沉重的法国农民过着与世隔绝的生活,像不知外界何年何日的"武陵人",对法国和欧洲大陆的城市、工业和商业的种种关系漠不关心，唯独对拿破仑的侄子路易·波拿巴疯狂崇拜。恩格斯意识到，农民这种盲从政治，用农民关系的尺度来衡量复杂的历史关系的态度，将对法国未来的政治局势及无产阶级革命产生不可忽视的重大影响。天才的预言家从来不是拍脑袋拍出来的，而是基于科学理论而产生的敏锐、严谨的分析，日后法国局势的发展完全证实了恩格斯的这一预测。

到达日内瓦后，他立即向马克思和家里写信求助。恩格斯的家人在收到他的信之前就在报纸上看到了他的通缉令，家里觉得被这个大儿子丢得面子里子都没了。恩格斯的父亲回信给恩格斯要他别回德国，去美国吧，那里没人知道他这些"黑历史"，到那里改头换面、重新做人，不要再跟马克思这个带他走向歧途的"坏小子"同流合污。恩格斯的母亲也忧心忡忡地写信给恩格斯，告诉恩格斯她已经听说了，《新莱茵报》编辑部已经公开发表声明说即便恩格斯以后返回科隆也不会再给他工作了。母亲字里行间都流露出忧心：你看看你的那些所谓的好友都是些什么人啊，你还对他们抱有期望？尤其不要跟马克思来往了，都是他害你走到这个境地。父母在来信里虽然埋怨恩格斯丢了家族的脸，但难舍骨肉亲情，还是给恩格斯寄来了生活费。

在他们生活的年代，信息交流的迟滞难免带来误解，但恩格斯始终不相信这些关于马克思抛弃他的传言，很快他就收到马克思的来信了解了事情的原委。原来在他被通缉逃亡的时候，一些还没退出报刊的资产阶级股东们提议把恩格斯等被通缉的编辑们都开除，马克思作为总编辑毫不退让，马上公开发表声明编委会成员不变更，我本人有权自由支配给编辑们的稿费，这样他们就不能左右这些编辑们的报酬了。马克思为了办刊已经快破产了，但想到恩格斯已经穷得揭不开锅，马上把自己身上仅有的11块钱连同一张可以向日内瓦一个商人取款50块钱的汇票一起寄给了恩格斯，信中安慰恩格斯："我怎么会丢开你不管啊,你永远是我最知心的朋友。"恩格斯了解清楚原委之后,不忘给母亲回信澄清误解。母亲在12月初的回信已经改变了态度:按你所说,马克思对你情深意重,我不好再说什么了……代我向他表示感谢,感谢他尽全力帮助你照顾你。还嘱托恩格斯别感冒着凉,买些厚衣服保暖。恩格斯一生都感怀母亲对他的爱与包容。

在瑞士开展革命工作,氛围比起德国来要轻松很多。恩格斯与洛桑工人联合会建立了联系,继续为《新莱茵报》供稿介绍瑞士的情况。恩格斯还在12月9日作为洛桑工人联合会的代表参加了瑞士德国工人联合会第一次代表大会,会后被选为瑞士德国工人联合会中央委员会书记,后来又参与了创建瑞士工人联合会和手工业者联合总会的工作——是金子到哪都能发光。

在革命的炮火中,前进,前进!

尽管在瑞士的工作开展得有声有色,但显然不适合恩格斯。欧洲革命的浪潮并没有奔涌到瑞士,恩格斯觉得十分有必要尽快返回科隆和自己的战友并肩战斗。按照莱茵省刑事诉讼法的规定,要对被告提起诉讼,被告必须出庭才能被法院受理。因此只要恩格斯不回科隆或者莱茵省其他地方,检察机关对他的起诉就没什么威胁。真正的威胁是通缉令。但是直到通缉令过期,科隆警察局翻遍箱底也没搜到证明恩格斯有罪的材料。被捕的危险也随着时间化解了。随着科隆的白色恐怖局势减弱,恩格斯结束了3个月的逃亡生活,重新回到科隆。

1849年5月9日,恩格斯的故乡爱北斐特发动了武装起义,民众筑起堡垒,攻占了监狱,驱散了市政府。由小资产阶级民主派领导的安全委员会接管了城市。恩格斯立马动身从科隆前往爱北斐特,用实际行动支援革命。

　　为了不影响革命的顺利开展，恩格斯尽量避免和小资产阶级领导的安全委员会起冲突，大家都知道他是共产主义者，恩格斯果断表示，自己前来只从事军事方面的活动，不涉及政治，眼下最重要的是起义和取胜。5月12日，安全委员会考虑到恩格斯当过炮兵，就授权他自行安装大炮。恩格斯还参加了军事委员会的所有会议，结合自己的参军经历，恩格斯提出了很多有关部队作战部署的建议，还提议解散对革命不友好的市民自卫队，应该把武器发放给工人。

　　显然，之前就被恩格斯批过小家子气的小资产阶级安全委员会是不敢采取这么果断的措施的。工人手无寸铁，那么在作战中首先牺牲的就是他们。于是，恩格斯自己率领从佐林根带来的工人队伍偷袭了格莱弗拉特的军需库，夺取了一批军需物资和武器。恩格斯和工人队伍的军事行动引发了爱北斐特资产阶级的恐慌，害怕这个共产主义分子借机掌握武装起义的领导权或者直接宣布建立红色政权。于是，他们转头对安全委员会施压。本来就裹足不前的安全委员会趁机赶走恩格斯，理由是他继续在这里会让人误解"运动的性质"。武装工人和志愿部队一片哗然，开始反抗安全委员会的决定，要求恩格斯留下来。不能因为自己一个人就让革命队伍分裂，恩格斯从大局出发安抚队伍的情绪，于15日离开了爱北斐特前往科隆。

　　中间还发生了一个戏剧性的小插曲。恩格斯在爱北斐特正带着工人武装修筑街垒，与前往教堂路过此地的父亲不期而遇。可以想象，老恩格斯受的刺激有多大。毕竟听别人说儿子"捣鼓"各种革命起义是一码事，等真正看见他正在带领工人打仗是另一码事，老恩格斯被刺激得破口大骂："你这个被上帝诅咒的人！"他决心再不给这个无药可救的儿子一分钱。后来诗人阿道夫·舒尔特斯写诗调侃恩格斯："这是弗里德里希·恩格斯先生：儿子完全不像父亲！教区里最虔诚的父亲，却教育出一个'上帝所诅咒的人'。"

恩格斯离开爱北斐特之后，小资产阶级民主派在严峻形势面前却什么都不敢干，参加起义的武装工人失望透顶，外地前来支援起义的武装工人也纷纷离开，爱北斐特起义以失败收尾。很快，因为小资产阶级民主派的畏首畏尾，莱茵省其他地区的起义也不出意料地都以失败收场。雪上加霜的是，《新莱茵报》也因当局的镇压破坏而不得不停刊。各地起义失败，莱茵省总督艾希曼意识到驱逐马克思的时机总算到了，于是马上在5月16日迫不及待地发出了把马克思驱逐出普鲁士的命令；恩格斯由于参加了爱北斐特的起义，也上了逮捕名单；警察局还要逮捕《新莱茵报》的其他所有编辑，宣布他们都是最不受约束的社会民主党人。报社没有办法再坚持了。投入了全部心血的《新莱茵报》用最后的骄傲刊发了最后一期，全版用红色油墨印成，共发行了数千份。用醒目的颜色和犀利的语言发出最沉重的抗议和最坚决的号召：工人阶级终将解放！

马克思和恩格斯并没有因为报纸被迫停刊被打击得郁郁寡欢，一次光荣的退却紧接着迎来一次英勇的进攻，他们乐观的革命意气引导着两人奔向激战中的德国西南部。在巴登和普法尔茨，人民群众在小资产阶级民主派的领导下举行了武装起义，军队也站在起义者的一方，起义成功推翻了旧政府，成立了临时政府，要求普鲁士政府承认帝国宪法。在当时的条件下，无产阶级还没有发展到独立领导革命的程度，只能依靠资产阶级担当领导革命的任务。马克思和恩格斯在巴登和普法尔茨两个起义中心都与临时政府的首脑会谈过，且提出了有效的革命策略，但都没有被资产阶级临时政府采纳。

5月底6月初，马克思和恩格斯因被怀疑参与武装暴动而被黑森士兵逮捕，他们先是被押解到达姆斯塔特，然后被转运到法兰克福，革命民族主义者全力营救才让两人免于被起诉。马克思获得释放后决定去巴黎，同准备发动一次新起义的法国革命者建立联系。恩格斯继续留在德国,与奔赴巴黎的马克思分别后,以政治流亡者的身份加入了普法尔茨起义部队。当时革命与反革命的对垒已经进入白热化阶段,一边是普法尔茨成立了临时政府,宣布脱离巴伐利亚王国,巴登也组成了以革命民主主义者为首的新政府;另一边是普鲁士国王同萨克森国王、汉诺威国王、巴登大公结成同盟,调集军队武力镇压起义军。起义部队主要由三部分力量组成:正规军、市民自卫队和志愿军。他所在的部队由同盟盟员也是恩格斯在瑞士流亡时结识的熟人维利希指挥,一起并肩作战的是瑞士的工人和手工业者,其中很多人都听过恩格斯宣传共产主义。

当时这支部队不到 800 人,战斗打响后处境十分艰难,无论是人数还是装备都弱于普鲁士军队。即便如此,维利希部队成了战场上的一支劲旅,承担了许多艰难的作战任务。恩格斯除了参加一些小的战斗外,还参加了四次规模较大的战斗,他的文章《德国维护帝国宪法的运动》详细地描述了此次参战的经历。恩格斯筹集过武器弹药,也做过搜寻失散战士的工作,当过侦察兵,还扛着枪当过冲锋军,隔着山谷和敌军进行猛烈对射。在敌我力量对比差距明显的情况下,战争的危险和惨烈不言而喻。最后一次恶战发生在牟尔克河,双方损失都很大,其中同盟的领导者之一约瑟夫·莫尔就在这场战役中牺牲了。起义军失败,7 月 12 日,恩格斯所在的维利希志愿军仅剩 280 名官兵,作为最后一批巴登-普法尔茨起义军退到瑞士境内。枪林弹雨的洗礼,血与火的考验,为恩格斯以后成长为一名出色的无产阶级军事理论家打下了基础。

第十一章　曼彻斯特的双重生活

共产主义者同盟分裂以后，马克思和恩格斯繁忙的党组织工作告一段落。马克思退回书房，重新拾起政治经济学的研究。马克思因办报欠了一屁股债，流亡中的恩格斯也好不到哪儿去，无奈之下恩格斯返回曼彻斯特重操经商旧业。忙碌的经商生活严重挤压了恩格斯从事理论创作的时间，即便如此，他还是啃起了军事理论，学习自然科学知识。

主动去当"埃及的幽囚"

裴多菲说:生命诚可贵,爱情价更高。若为自由故,二者皆可抛。可是,恩格斯却主动选择放弃了自由。为什么呢?

席卷整个欧洲大陆的革命风暴归于平息,封建势力在欧洲重新获得统治权。恩格斯随着起义军撤退到瑞士后又重新开始了流亡生活。在1849年7月24日,恩格斯随着流亡的人群来到了瑞士的窝州。再次流亡瑞士的恩格斯好不容易收到马克思来信,迫不及待地打开信封看到马克思没有因为在巴黎被捕而受到伤害,恩格斯绷紧的神经总算放松下来。马克思在信中也是一样焦急地想知道他是否安好。在得知恩格斯安然无恙后,马克思建议他写一写这次德国革命,对这一运动好好做一番历史性的梳理。恩格斯于8月底在窝州洛桑城区找到一处简陋的住所之后,就开始动手写作《德国维护帝国宪法的运动》。他运用唯物辩证法对巴登-普法尔茨起义中的军事斗争进行了深刻分析,总结了导致武装起义失败的经验教训,还开始探索战争的规律。

一个月后,马克思写信给恩格斯,法国政府要把他驱逐到布列塔尼的沼泽地,法国是待不下去了,他决定搬去伦敦。马克思邀请恩格斯也一起去伦敦,一是为了恩格斯的人身安全考虑,马克思提醒他,普鲁士因为巴登起义和爱北斐特起义可以枪毙他两次;二是为了可以一起创办新的刊物。彼时恩格斯在瑞士的工作刚好步入正轨,其间还结识了威廉·李卜克内西。恩格斯一收到马克思的来信,毫不犹豫地提交了办理英国签证的申请,辗转一番终于在11月10日与马克思相聚。

当时的马克思和恩格斯都是穷得叮当响,真到了食不果腹的境地。这样穷下去,势必没法进行学术研究。恩格斯很清楚,刚刚经历了大革命失败后，唤醒工人阶级的关键就在于彻底批判资产阶级经济学，为无产阶级的经济利益寻求理论上的依据，这个工作的最佳人选只能是马克思。为了革命的需要，为了照顾好自己最好的朋友，他必须放弃学术研究，放弃他已经取得成果的政治经济学研究，专心赚钱让马克思没有后顾之忧，这才是他必须要走的路。

于是，恩格斯与家人商量，重回曼彻斯特，在欧门—恩格斯纺织公司重操旧业。曼彻斯特这个城市是恩格斯所熟悉的，距离他带着准备写《英国工人阶级状况》这本书的文献资料离开时，也不过是6年前的事情。但恩格斯一直无法融入曼彻斯特，对这个城市没有归属感。用马克思的话说，他这是过上了"埃及的幽囚"的生活，大家都知道，恩格斯讨厌经商，重操旧业就跟坐牢一样。

恩格斯的家人也心知肚明，从后来恩格斯的妹妹写的信里就知道，家人都不傻，都知道恩格斯心里打的小算盘无非是安顿下来挣点钱解决生存问题，一旦形势有利，恩格斯肯定会毫不犹豫地继续投奔他的党。恩格斯的父亲虽然知道恩格斯不打算长期经商的小心思，但不想放弃这么个天赐良机，他费尽心思给恩格斯安排了一个长期的职业规划。第一个计划是安排恩格斯去印度的加尔各答，遭到了恩格斯的坚决拒绝；第二个计划是派恩格斯去美国纽约，恩格斯愿意接受这个安排，马克思也很支持，甚至提出要和他一起去美国，他们都想去实地考察美国的工人运动开展的情况。但这个计划却因为工厂的经营出现调整只得作罢。最后一个方案是让恩格斯作为家族驻英国公司的代表，显然恩格斯最喜欢这个安排，虽然是去曼彻斯特与马克思居住的伦敦相距甚远，但也比之前分隔不同国家的状况好太多了。

重回曼彻斯特，虽然是恩格斯主动选择的结果，但也跟恩格斯父亲的商业考量分不开。早在1838年，老恩格斯就感受到了家族的利益在合伙经营的欧门—恩格斯纺织公司中有被边缘化的苗头，主要是因为恩格斯家族没有得力的人手直接参与公司在英国的业务。此前他强迫恩格斯中断学业去曼彻斯特学习业务就是有意加强家族在英国分公司的影响，但无奈自己的儿子"自由过了火"。现在恩格斯竟然情愿接受安排，简直是上帝感念他每个苦心经营的白天和每一个被儿子气得睡不着的夜晚，希望借此机会让恩格斯彻底远离革命活动，即便他自己也知道这无异于天方夜谭，但梦想总是要有的，万一实现了呢！

不管老爹怎么打算，恩格斯为了接济马克思和党内其他生活穷困潦倒的同志，甘愿画地为牢。当然，经商生活还是那么无聊沉闷，恩格斯还是那个厌倦商业生活的恩格斯。他讨厌每天在办公室里处理一堆商业文件，更不耐烦和欧门兄弟就工作做些无谓的争论，没有时间写作，也不能和马克思彻夜抽烟聊天写稿子，唯一的安慰是他和玛丽在因为革命被迫分别4年后，终于团聚了。

曼彻斯特的编外"总参谋部"

铁马冰河入梦来，每每回忆起从军作战的经历，恩格斯心潮澎湃，他开始对研究军事理论产生浓厚兴趣。促使他啃起军事理论的不只是兴趣，还有与维利希等军官争论的迫切要求。前面我们讲过恩格斯参加了维利希的这支队伍，曾经并肩作战的同伴却在起义失败后因为军事理论的不同而分道扬镳。

话说在起义失败后，维利希等一批旧军官因为参加过革命而在伦敦声名鹊起，而维利希等人在一片称赞声中膨胀了，从一开始只是宣扬自己在作战时的英雄事迹到逐渐自诩革命军事家，鼓动工人们立即拿起武器搞革命。马克思和恩格斯自然十分反感这种坐而论道，维利希等人毫不客气地公开攻击马恩二人是只会动笔杆子、不会动枪杆子的书生（话说恩格斯当年可是和你一起作战的呀？）。这对恩格斯的刺激有点大，他写信给马克思吐槽这帮空想家招摇过市的德行，表示自己需要研究军事问题了，不让这些蠢驴用空话压倒我。小脾气上来了，恩格斯不遑多让开始啃军事理论。

恩格斯一旦下决心，就毫不含糊，手头上能够收集到的资料有限，于是他就写信拜托约瑟夫·魏德迈帮他搜集各种军事资料。通过两人的通信，我们看到恩格斯关注的研究主题太丰富。有基本战术、筑城原理、军事科学史、军队医院配备、武器装备、军事地图学，等等。笔者曾看过某个"民间科学家"到一个应聘的电视节目上作秀，拿出一个自创的物理学公式扬言自己算出了引力波，实际上没有任何科学理论基础，却坚称他是通过自学、自创而不靠基础知识。恩格斯啃军事理论的这番话，是最好的回应："自学往往是空话，如果不是系统地研究，那就得不到任何重大成就。"马克思利用伦敦丰富的书籍资源尽可能搜罗军事方面的信息，给恩格斯寄来了一些军事资料；还有魏德迈真是个可靠的朋友，不遗余力地帮助恩格斯在美国搜集到了很多军事资料。其间还有一个意外之喜，他得到了科隆一位退役军官的丰富藏书。机会都是给有准备的人，恩格斯在恶补军事理论的道路上大踏步地前进着。

不得不说，我们的恩格斯不仅耿直，还非常自信。1852年他写信给马克思说我很快就学有所成了，到时就敢大胆地公开发表一些观点了；1854年，他毛遂自荐去当伦敦《每日新闻》的军事通讯员。通过他的自荐信，我们可以看到恩格斯自信心满满的样子：

> 我认为，主要问题在于撰稿人是否真正内行。至于这一点，最好的证明是一系列关于各种军事题目的论文。这些论文，您如果愿意，可以让任何一个军事权威加以审阅。越权威越好。我非常愿意把我的论文交给威廉·纳皮尔爵士去评论，而不愿意交给任何迂腐的第二流

的专家……多年来，对军事科学的一切部门进行研究已成为我的主要工作之一，而我当时发表在德文报刊上的论述匈牙利战局的一些论文所取得的成功，使我相信我的工作没有白费气力。我对欧洲大多数语言都比较熟悉，其中包括俄语、塞尔维亚语，也略懂罗马尼亚语，这就使我有可能利用一些最好的报道资料，也许这在其他方面对您也有用处。至于用英语正确而流利地写作的能力，您从我的文章中自然可以了解。

大家猜当时的媒体业巨头《每日新闻》看了恩格斯的自荐信后有没有聘用他？并没有被录用！

1853年秋天，俄国和土耳其开战，第二年初，伴随英国、法国和皮蒙特—萨丁尼亚参战，这次战争扩大为克里木战争。紧跟战争形势成了当时各大报刊的不二选择，少数几家资产阶级报纸深谙吸引读者注意力之道，马上扩大版面报道多瑙河、克里木和波罗的海的战争进程，广泛征稿，不限于单一的立场和观点。恩格斯充分抓住这样一次难得的机会，可以借助资产阶级媒体平台宣传共产主义者关于战争事件的看法，他马上开始动笔。从克里木战争开始，恩格斯对19世纪50年代和60年代的多次战争，一直到1870～1871年的普法战争，都给予密切的关注。他先后为《纽约每日论坛报》、布累斯劳的《新奥得报》，以及之后马克思曾一度担任编辑的《人民报》撰写了大量论述战争史和军事进展的论文。外交与战争、战略与战术、武器技术与战斗方式，这些错综复杂的关系盘旋在恩格斯的脑海里，让他一有时间就不断地写写写。

虽然供稿的杂志立场不一，但恩格斯始终坚持原则，巧妙地向对政治感兴趣的工人和所有进步人士传递信息和态度。比如，当时英国有报纸摆出假惺惺的神圣面孔，称亚洲人民的战争手段十分野蛮，恩格斯毫不客气地罗列欧洲列强在海外残酷作战的大量事实，并毫不含糊地为反殖民主义的人民战争辩护。他指出，遭受殖民压迫的人民有权利使用他们所能使用的一切手段，去对抗欧洲殖民者的坚船利炮。恩格斯公开支持殖民地被压迫民族的解放战争，尤其是印度和中国人民的反殖民斗争，这在当时是十分大胆和可贵的。恩格斯也很清楚，只要备受压迫或处于殖民地桎梏之下的民族仍然停留在他们原来那种落后的社会状态，是难以打败一支现代化的军队。因此，起义人民要进行有效的解放斗争，最重要的前提是推翻所有亚洲国家的封建政体，并且同欧洲宗主国的工业无产阶级和东方各个被压迫民族联合起来。从这些内容就能看出，共产主义者对战争的分析从格局上远远超越资产阶级、小资产阶级的理论分析。

从1857年开始，恩格斯为《美国新百科全书》编写军事条目。刚接到这个工作的时候，恩格斯不以为然，觉得就是翻译一下或者核实一下定义嘛，用不了多少时间。写起来才发现之前的设想太过简单，要写好条目需要核实方方面面的相关材料，力求准确，做科研绝不能在打基础方面偷一点懒啊。比如，他在写克里木战争这个词条的时候，即便此前他已经发表了70多篇相关的论文，但为了概括得全面、准确，他对博马尔松这一个要塞的专门资料都绝不含糊，一定要把所有信息全部查到、核实再动笔；他为了写好"军队"这个词条，不仅阅读了古代的历史著作、军事著作，还钻研了同时期著名军事家克劳塞维茨、若米尼、刘斯托夫等人的著作，不断查阅新资料，从而对军队的历史、现状和未来的发展做出了深入且全面的论述。

有意思的是，恩格斯累积多年发表了众多有关军事的论文、评论和条目，但大多是匿名发表了这些成果。很多人都以为这是一个普鲁士将军所写，而这个将军又不愿意透露真实姓名，有一种避世高人的感觉。资产阶级的军事杂志，如达姆斯塔德的《军事总汇报》和曼彻斯特的《志愿兵杂志》的编辑都十分欢迎恩格斯的来稿。马克思和其他好友都对他的军事理论给予最高的褒奖和信任，尤其马克思，有一些军事条目是他和恩格斯合写的，还有时候他为了给恩格斯搜集军事资料而做了一些摘录，相当于在埋首经济学研究的同时捎带做了一点军事研究。正是基于合作，马克思对恩格斯在军事理论上的成就更加清楚和认可，主动向还不了解情况的好友介绍恩格斯正在开展的军事理论分析工作，他表示，日后革命需要制定详细的工人阶级的革命战略和策略的时候，在一切军事问题上我们都需要依靠曼彻斯特的"总参谋部"。

双重生活的点点滴滴

拉法格曾经评论过恩格斯这一时期过的是"双重生活"。他的一个身份是大工厂主的儿子，出没资本家的交际圈子，后来还加入了曼彻斯特有名的艾伯特俱乐部，得了绰号"棉花大王"。一开始收入微薄的时候，为了应付家中亲友或者商业合作伙伴的来访，他都需要临时租一个宅子来应付；等到19世纪60年代，收入增加了，在公司的地位提高了，他就租了牛津街一所很豪华的大房子。恩格斯跟友人悄悄吐槽过这是打肿脸充胖子的行为，默默心疼把钱花在租房子充门面，却没有办法帮助马克思或者其他党内有困难的同志。在所租住的大房子里，恩格斯一直没觉得这是自己的家。他在和朋友往来的信件里说的家都指的是海德路252号，他妻子玛丽和其妹妹莉希·白恩士的住所。只有在那里，恩格斯才是他最熟悉和喜欢的自己，可以摆脱商务和应酬，过温馨的家庭生活，见志同道合的朋友，继续写稿子发论文，可以会见政治上和学术上的朋友，其中有被他称为"无产阶级的化学家"的肖莱马，有后来把《资本论》第一卷翻译成英文的塞米尔·穆尔，还有著名的宪章派左翼领袖哈尼等。这是他的另一种生活。

恩格斯在"上流社会"里应对自如，无论是和曼彻斯特商业界的业务往来，还是参加有钱人的娱乐活动，如宴会、打猎、舞会等，都表现得十分出色，加上他外形英挺帅气，在圈子里很出名。恩格斯在聚会上言辞锋芒难掩，但他尽力克制，所以和他打交道的有钱人完全没有把他同一个革命者的身份联系起来。

恩格斯在曼彻斯特的表现好不好，直接关系到他的父亲是否继续给他开工资。1851 年 6 月底，老恩格斯要去曼彻斯特视察业务，尤其要查看恩格斯的工作情况。这次父子单独相处让恩格斯的母亲如临大敌，提前做好安排生怕两人激烈交锋。先是写信请公司合伙人彼得·欧门把老恩格斯接到他家里住，避免和恩格斯住一起；同时写信给恩格斯，嘱咐儿子一定不要惹父亲生气，尽量不要谈论政治。为了迎接老爹的检查，恩格斯特意去临时租了一个大房子，还把家里布置得尽量贴近父亲所习惯的审美，买上雪茄、好酒充门面。要是被父亲知道他住的地方那么寒酸肯定要吵起来。

父亲在曼彻斯特住了一个星期，对彼此而言，这一个星期比一个世纪还要漫长。老恩格斯要求他在曼彻斯特至少待够 3 年的时间，本来以为恩格斯会极力抗拒，没想到恩格斯爽快答应了。老恩格斯的计划远不止于此，他最希望的是重新分割合伙人在英国的管理权限，想让彼得·欧门到利物浦去，哥·欧门就接替自己的兄弟负责工厂的管理，这样办事处的领导权就交给恩格斯。如果按照这个计划实行，恩格斯势必被彻底绑定在公司经营了，显然恩格斯随时都想转身离开，更不想被繁重的公司运营彻底占据写作的时间，所以恩格斯表现得像个低调、谦逊的乖宝宝一样，表示自己能力不够，恐怕承担不了父亲所委托的重任。老恩格斯也没有发火，毕竟这个计划也不是全部由他自己说了算。恩格斯也提出了自己的要求，每年需要 200 英镑左右的交际费用和生活费用，没想到老爹没训他也没提附加条件就同意了。

这一周的相处，恩格斯极力压抑自己不谈政治，被训话的时候他也努力压着自己的脾气不顶嘴,老恩格斯肚子里的愤怒火苗还是逮着机会就要燃起熊熊大火。临走前一天,老恩格斯当着合伙人的面,故意大肆称赞普鲁士制度多么多么好来刺激恩格斯,恩格斯愤怒地瞪着老爹,让他收敛。伪装了一星期的和平相处的假象瞬间破裂了。其实,两人的立场和信念已经截然对立,父子亲情早已淡薄,恩格斯觉得,和老爹维持这种冷淡的商业经营关系比维持虚假的感情要自在得多。好不容易通过了父亲的视察,恩格斯马上给马克思写信,把这一周的经历一字不落地告诉马克思,还给马克思汇了 5 英镑。

除了要应付对他处处不满的父亲,恩格斯还要和枯燥又劳累的办事处工作纠缠不休。每周工作 6 天,每天到晚上 10 点后才能下班,他只能利用下班到睡前这珍贵的时间做革命有关的工作,所以他和马克思写信抱怨自己每次刚开始有灵感写东西的时候一看时间已经凌晨 1 点了。他每天在办事处要用多国语言处理来往信件、出入交易所、洽谈棉纱单子。办事处的业务情况需要他每天做好摘记,时时留意和研究商务报表和交易所的行情通报,往来法国、意大利、瑞士、德国、奥地利、荷兰、俄国、美国和印度的商业信件都需要手写;合伙人欧门兄弟精明算计,处处刁难他,想把他撵出办事处,所以恩格斯不得不费力气和他们周旋;还得在工作时间不定期回复老恩格斯的检查、问询和商业计划,有时一下子收到几十封老爹的来信;每天下班回到家,恩格斯就顿感疲惫——"觉得自己完全垮了"。恩格斯深感不能再这样继续耗下去,无论是身体还是精力都没法持续了,所以他和合伙人周旋、争取,总算把在办事处的工作时长改成早 10 点到晚 6 点。

一面是资产阶级的商人、办事处管理员。一面是无产阶级的革命家、坚定的共产主义者,两个截然相反的角色要实现统一,对恩格斯而言十分困难,他为无产阶级革命事业和最重要的挚友马克思做出了巨大的牺牲。

拉法格回忆起恩格斯这段生活时说道:"我不知道恩格斯的资产阶级熟人是否也了解他那另一面的生活,不过英国人都非常持重,与自己没有直接关系的事情他们是从来不过问的。然而可以肯定地说,对于这个同他们整天来往的人的卓越的才智,他们是毫无所知的,因为恩格斯绝不轻易在他们面前表露自己的学识。这个被马克思看作欧洲最有教养的人,对他们来说只不过是一个善识醇酒美味和谈锋甚健的人物而已。"讽刺的是,和恩格斯往来商业的伙伴万万没想到,眼前这个算账经商如此精明的一个德国商人,竟然在热烈盼望爆发一场新的经济大危机。

即便是现在攻击恩格斯的人还会拿着恩格斯的资本家身份说事,说他的身份和无产阶级革命事业对立,恩格斯就是个精明会投资的商人,马克思就是他投资最成功的商品云云。实际上,这种小人之见对恩格斯而言一点都不新鲜,他在晚年回忆起这段"双面人"一样的生活时,感慨良多:我需要为我自己当过工厂股东这个过去辩解吗?谁要认为这是抓住我的小辫子,就太搞笑了。再给我选择,如果有人告诉我能从交易所赚他个百八十万,那我立马会去交易所,那样我们欧洲和美洲的党就有大把的经费啦。他的一生过得坦坦荡荡,杜甫的那句诗:"尔曹身与名俱灭,不废江河万古流",送给那些小人之见。

第十二章　与马克思的伟大友谊

19世纪50～60年代，是马克思集中研究创立马克思主义经济学理论体系的时期，也是马克思经济状况沉入谷底的艰难阶段。为了共同的革命事业，恩格斯以无私奉献的精神，长期为马克思一家提供经济援助。除此之外，在马克思的研究工作中，恩格斯对他而言既是杂事咨询处，又是专业顾问，既是参谋又是第一个批评家。与马克思的伟大友谊，是恩格斯一生最为珍惜的情谊。

一千多封信件的情谊

马克思和恩格斯在19世纪50～60年代所写的书信现在保存下来的有1300多封,时至今日,阅读这些信件,依然让我们感动不已。两人在信中真是无话不谈啊。信里,有马克思诉苦流亡生活中不断降临在家庭上的种种灾难,有自己怎样构想摆脱穷困的多种办法又如何常常落空,有对唯一的希望弗雷德里克(马克思对恩格斯的昵称)的思念和依赖;有恩格斯抱怨和父亲的"塑料"亲情,有在办事处苦闷忙碌的日常琐碎,有对从事理论研究的向往而不得的遗憾,还有对远在伦敦的挚友摩尔(恩格斯对马克思的昵称)的思念和惦记。

从曼彻斯特到伦敦、从伦敦到曼彻斯特的书信来往有时是一天一封,甚至一天好几封。埋首经济学研究的马克思经常问恩格斯各种经济问题,比如交易所和贸易的具体数据,还经常向恩格斯请教工厂管理和运行的实际情况,比如他写信询问恩格斯的工厂一般隔多久更新一次设备,而马克思询问得这么细并不是他自己想去开厂子,而是因为机器设备平均更新的时间对于说明大工业时代里工业发展的周期问题至关重要。他查阅文献得知曼彻斯特的工厂平均每5年更新一次,但马克思在研究过程中感觉这个数据不可信,而显然恩格斯就是他最可靠的信息源,恩格斯回信告知他所在的工厂通常13年左右更新一次设备,马克思很高兴,这个数据才和研究推演结果差不多,那个所谓的5年的更新周期果然是面子工程啊。

恩格斯也同样把马克思作为自己最信任的学术后盾。他研究军事、研究哲学、研究自然科学都随时写信告知马克思自己的进展和关注点。比如,虽然他是"军事专家",但马克思的见解他从不忽视,有次他专门写了对美国内战的分析,让马克思评析一下自己的判断是否成立,马克思回信表示并不全部认可恩格斯的结论,他分析了美国南部和北部的作战区别,从政治因素、军事人才、财政措施等恩格斯涉及的主要方面一一提出了自己的看法,认为美国的内战必须按革命的方式进行,而当前美国北方却执意按照宪法来进行。恩格斯回信欣然接受马克思的判断。

也有人批评马克思是"伸手党"——只知道跟恩格斯伸手要钱,替恩格斯觉得不值。其中最多被提起的一个例子就是在恩格斯写信告知妻子玛丽过世的消息后,马克思回信中表现得十分冷淡惹恼了恩格斯。实际上,马克思当时因为生活重担搞得心烦意乱,确实在面对挚友的悲痛境遇时做错了,他的冷淡态度也的确让恩格斯生气了,他一个星期没给马克思回信,这是破天荒隔这么久。马克思坦诚自己寄出那封信之后就悔青肠子了,"最近这几个星期我受尽了一切压抑,但是再也没有比担心我们的友谊发生裂痕的忧虑那样使我感到沉重"。恩格斯很快原谅了马克思,回信说摩尔你的坦率让我没有办法继续生你的气。马克思连续几封信里都尽量用轻松的语气安慰恩格斯:"如果你心里有什么疙瘩,那就像个男子汉那样坦率地说出来,你要相信,世上没有一个人这样真心地关心你的忧乐,除了你的摩尔。"恩格斯随后也回信说:"我感到高兴的是,我没有在失去玛丽的同时再失去自己最老的和最好的朋友。"有过误会、有过龃龉,这些再正常不过的交往过程却被有心之人解读得面目全非。

我们去阅读这保存下来的一千多封信件会发现,在这一时期,除了生活、除了革命事业,很大的篇幅是马克思向恩格斯汇报自己写作《资本论》的进展,比如,他会在一封信里说完今天抽了很多烟,笔锋一转告诉恩格斯自己已经完成了推翻现有的利润理论的工作,替我开心吧……也会在一封信里写好多好多页告知研究地租理论所阐述的非常重要的几个问题,比如,资本的有机构成,希望恩格斯回复自己有哪些意见。《资本论》虽然署名是马克思一人,但出版的时候马克思曾极力要求恩格斯共同署名。恩格斯坚决拒绝了马克思的好意，但他对马克思创作《资本论》的贡献却并没有因为没有署名而被历史掩埋。

两个无话不谈的好友，在留存下来的信件里，用生活化的语言为我们勾勒出了两个并肩作战的革命导师有血有肉的形象。他们有犀利的言辞交锋，有激烈的思想火花碰撞，有千回百转的思念感怀，有零零碎碎的生活琐事，更有惺惺相惜、携手共进的深厚情谊。

一个负责经济理论，一个负责经济实践

从 1850 年开始，马克思在伦敦定居，目睹了这个工业革命的起源地和当时最繁华的资本主义城市的运转。极具讽刺意味的是，马克思一生研究资本主义社会经济最为透彻，却终其一生都深受资本主义社会经济的折磨——终日与贫困作战。创作《资本论》的阶段，马克思几乎没有任何稳定的收入，一个坐穿冷板凳的学者全身心研读资本，但背后却没有编制、基金、课题的任何资本资助。从 1852 年 2 月 27 日马克思写给恩格斯的信中我们可以看到他所经历的贫困挣扎多么触目惊心：外套典当了，出门都变成了奢侈；买肉食的店铺再也不接受他们家赊账，所以一个多星期没尝过油水了。9 月 28 日，他继续向恩格斯倾诉：妻子燕妮病倒了，女儿小燕妮也生病了，过去请不起医生，现在依然请不起医生，连药钱都付不出来。家里的主食只有面包和土豆，在吃了 10 天的面包土豆后，今天甚至不知道还能不能吃得上这些。恩格斯收到这些信，可想而知心情有多么焦灼。所以无论是出于私人情谊还是维护无产阶级革命事业的需要，他都愿意去当那个"埃及的幽囚"。资助马克思，是最重要的事情，他义无反顾地将这个担子扛起了。

恩格斯一开始回曼彻斯特的时候还给自己默默打气：这种囚笼生活只

是暂时的，几个月，最多两三年，我就能摆脱了。没想到，这样的生活一过就是 20 年。恩格斯时刻给自己准备"退路"，不想把自己百分百绑定在公司里，头几年他虽然天天上班加班，但是他没有要求高的职位，所以收入并不高。他和玛丽过的苦日子并不比马克思一家好多少，只能自己节衣缩食，力求马克思一家不挨饿。

前面我们讲过，1851 年 6 月老恩格斯到曼彻斯特视察恩格斯的工作时，恩格斯趁机提出涨工资的要求，从下一年开始恩格斯的年薪可以有 200 英镑，其中包括 100 英镑的工资和 5% 的分红。200 英镑在那个年代是多少钱呢？一般来说，当时一份月薪 5 英镑的工作，就会有很多人拼命抢着去干了。当时一个普通的工人一个月的工资大概是一英镑到两英镑，在 1859 年的时候，一个男性的纺织工的平均工资是 18 先令 6 便士，女性则是 10 先令多一点。当时的东印度公司的编制内的普通官员的月收入是 6 英镑。但这 200 英镑并不是说全是恩格斯能够结余在手里的，日常经商交际的费用、租房和生活的费用（尤其是要装点门面来与其他资产阶级保持一致风格）都是很大的开支。恩格斯后来的年薪从 200 英镑涨到了 265 英镑，除去必要开支，恩格斯总是想方设法地攒钱、省钱，可以接济马克思，还要接济党内其他困难的同志。恩格斯救济马克思的力度还是很大的，在收入微薄的时期也能尽力给马克思每月汇去 5 英镑。他曾在信中写道："2 月我会寄给你 5 英镑，而且以后每个月你都会收到这个数目的汇款。我可能会负债，但是没有关系……你要答应我，不要因为我给你寄了这 5 英镑，就不在困难的时候给我写信要钱了，只要你需要，我都会帮助你的。"

19 世纪 50 年代中期，贫困先后夺去了马克思四个儿女的生命，使马克思一家遭受沉重的打击。恩格斯邀请马克思和燕妮来曼彻斯特散散心，希望能减轻他们的痛苦。这也促使恩格斯更进一步争取拿多点收入。到了 19 世纪 50 年代中后期，恩格斯股东的身份得以确认，这样他每年可以获

*
卡尔·马克思

得公司 7.5% 的分红，他每月给马克思寄去 10 英镑，还附带不少银行券；到 19 世纪 60 年代初期分红比例提高到 10%，每年收入约为 1000 英镑，给马克思的支援增加，直到这时才帮助马克思一家彻底摆脱贫困，生活总算能过得像样一点了。从 1851 年到 1869 年，恩格斯总共汇去 3121 英镑。对于恩格斯长久的资助，马克思十分感激，也十分不安。他告诉恩格斯："我的良心经常像被梦魇压着一样感到沉重，因为你的卓越才能主要是为了我才浪费在经商上面，才让它们荒废，而且还要分担我的一切琐碎的忧患。"

贫困像梦魇一样折磨着马克思，如果没有恩格斯的慷慨资助，我们可能没有机会看到马克思的《资本论》了。

当时不为人所知的代笔故事

恩格斯对马克思的经济援助只不过是他帮助挚友的方式之一，他还曾协助马克思在同一时期完成一件不为人所知的代笔工作——马克思称之为"谋生的迫切需要"。

1851 年 8 月，《纽约每日论坛报》的编辑查理·德纳邀请马克思担任该报驻英国的通讯员，这是一个有稳定收入且能传播共产主义思想的工作，从哪方面看都应该接下来。但是，通讯员的工作大幅占据了写《资本论》的时间，马克思心里很焦急，加上他当时英语不熟练，处理政论文章格外费劲。于是马克思向恩格斯求助，希望他代笔写一篇关于德国局势的文章。

为了帮马克思保住这份工作，恩格斯虽然每天回到家都已经 8 点多了，累到恨不得马上睡过去，但还是接下了这个活儿。于是才有了我们学习马克思主义必读的一个经典篇目——《德国的革命和反革命》。从 1851 年 10 月到 1852 年 10 月间在报上刊出的 19 篇连载论文即后来汇总成的《德国的革命和反革命》，都是出自恩格斯。也是在这篇文章里，提出了大家耳熟能详的论断:"革命是历史的火车头"。此后,恩格斯还代替马克思写过军事类的评论、时事政治评论,在以马克思的名义在这个报纸上发的论文中,大约120篇是恩格斯代笔的,但署名自始至终都是马克思,稿费收取人也是马克思。

当然,并不是说交给恩格斯来代笔之后,马克思就什么都没干了。实际上马克思也写了不少通讯稿。但最开始的两年,他给《纽约每日论坛报》写的文章都要先寄给恩格斯来翻译成英文。为了及时完成翻译,恩格斯使了"洪荒之力"。有一次,他没有翻译完就将稿子寄出了,同时他写信给马克思解释了原因:早晨收到文章,但在办事处忙活了一整天,脑袋都忙昏了,一直到晚上七八点才把文章通读了一遍,动手翻译很快就到了写信的此刻——11点半,只有12点前把文章送到邮局,马克思才能及时收到信件,于是他只能把现在已经译完的先寄送出去,这是自己尽力的结果。

这些经过,当时没有人知情,甚至编辑德纳也未能察觉文章出自两个不同的人。后来他俩的通信公开后我们才得知这些原委。马克思和恩格斯互相之间没有计较过,反倒现在有人却动不动利用这些过往炮制自己的想法来诋毁他们超越一般友情的革命情谊。

长期的分离并没有阻挡他们习以为常的学术合作。在这一时期,马恩二人共同创作了许多论著。他俩通常一起商定主题后再合力拟定提纲和主体框架,然后要么共同写作、要么分开写作完成。例如,《流亡中的大人物》是两人在1852年5～6月间在曼彻斯特共同完成的,而《揭露科隆共产党人案件》则由马克思执笔,《波河与莱茵河》是恩格斯撰写,《福格特先生》则是由马克思主笔,恩格斯提供研究所需的历史资料并补充马克思的初稿。

如果有人怀疑马克思与恩格斯之间的友谊,那么每次他们相聚的快乐、合作的成果怎么解释呢?当恩格斯在曼彻斯特过着坐牢一样的经商生活,马克思在伦敦潜心研究政治经济学，马克思因远离恩格斯而产生的郁闷只能靠每天的通信来纾解，是的，你没有看错，他俩几乎每天通信。恩格斯是马克思研究政治经济学的引路人，因此马克思在写《资本论》期间更加想念并需要恩格斯在身边一起研究，"我在这里几乎只和皮佩尔一个人见面，过的完全是与世隔绝的生活。因此你可以想到，我在这里特别想念你，需要和你商量。"有时间的时候，马克思和恩格斯两家就会互相串门，拉法格曾经回忆道："恩格斯来信说他要从曼彻斯特到伦敦来的时候，马克思一家都为此大大欢庆，老是谈这件事。而当恩格斯来的那一天，马克思等得不耐烦，甚至工作干不下去。两个朋友抽着烟，谈了一个通宵，畅谈着他们分别以来所发生的一切事情。"马克思一家早已把恩格斯当成家中的一员，马克思的女儿们，尤其是小女儿艾琳娜，一直把恩格斯当成自己"第二个父亲"。恩格斯一生没有孩子，他把马克思的三个女儿视如己出，经常接孩子们去曼彻斯特居住。有次马克思都佯装吃醋调侃小女儿，说她一回到伦敦就开始想念在曼彻斯特的家了。

马克思本人也曾在写给恩格斯的信里感怀一番："亲爱的朋友，在所有这一切情况下比任何时候更感觉到，我们之间存在的这种友谊是何等的幸福。你要知道，我对任何关系都没有做过这么高的评价。"

感谢马克思和恩格斯，让我们看到了友谊最美好的模样。

恩格斯与马克思和他的三个女儿在一起，
从左到右分别是珍妮、艾琳娜和劳拉

图书在版编目（CIP）数据

伟人的青年时代. 恩格斯 / 张新主编；刘娜娜，王静，张秋婷著. -- 北京：中国青年出版社，2025.1. -- ISBN 978-7-5153-7475-8

I．K811-49

中国国家版本馆 CIP 数据核字第 20248U4T45 号

责任编辑：彭岩
出版发行：中国青年出版社
社　　址：北京市东城区东四十二条 21 号
网　　址：www.cyp.com.cn
编辑中心：010-57350407
营销中心：010-57350370
经　　销：新华书店
印　　刷：三河市君旺印务有限公司
规　　格：660mm×970mm　1/16
印　　张：11
字　　数：135 千字
版　　次：2025 年 1 月北京第 1 版
印　　次：2025 年 1 月河北第 1 次印刷
定　　价：58.00 元

如有印装质量问题，请凭购书发票与质检部联系调换
联系电话：010-57350337